跟石佛学围棋

行棋要领

李昌镐 ● 著

陈　启 ● 译

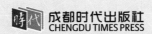
成都时代出版社
CHENGDU TIMES PRESS

图书在版编目(CIP)数据

跟石佛学围棋. 行棋要领/(韩)李昌镐著;陈启译.
—成都:成都时代出版社,2016.6
ISBN 978 - 7 - 5464 - 1664 - 9

Ⅰ.①跟… Ⅱ.①李… ②陈… Ⅲ.①围棋 - 基本
知识 Ⅳ.①G891.3

中国版本图书馆 CIP 数据核字(2016)第 134344 号

四川省版权局　著作权合同登记章　图进字 21 - 2016 - 10 号

跟石佛学围棋　行棋要领
GEN SHIFO XUE WEIQI XINGQI YAOLING
李昌镐 著　陈 启 译

出 品 人	石碧川
策划编辑	黄 晓
责任编辑	曾绍东
责任校对	黄静怡
封面设计	冯永革
版式设计	华彩文化
责任印制	干燕飞
出版发行	成都时代出版社
电 话	(028)86618667(编辑部)　(028)86615250(发行部)
网 址	www.chengdusd.com
印 刷	四川五洲彩印有限责任公司
规 格	165 mm×230 mm
印 张	15.5
字 数	210 千字
版 次	2016 年 6 月第 1 版
印 次	2016 年 6 月第 1 次印刷
印 数	5000 册
书 号	ISBN 978 - 7 - 5464 - 1664 - 9
定 价	25.00 元

前　言

　　首先祝贺大家已经迈入了围棋的殿堂，但这仅仅是开始，离真正体验到围棋的博大精深和无穷乐趣还很遥远。大家还只是粗略地掌握了围棋的基本规则及技术，还不能在实战中做到触类旁通、运用自如。

　　本书是为初学者量身定做，目的是解除大家在学棋中遇到的各类难题和烦恼，让大家尽快对围棋产生亲近感。全书由四章组成，第1章简略介绍了围棋的特征和构成；第2章着重介绍了围棋入门阶段的各类行棋技术和原理；第3章主要讲解的是围棋进行的过程，即初盘（布局、定式）、中盘（打入和侵消、攻击和治孤）和尾盘（官子）进行的全过程；第4章精选了笔者与林海峰九段的实战场面，目的是帮助大家提高实战的运筹能力。总而言之，本书编辑的目的就是向初学者全面介绍围棋的基本技术和行棋要领，让大家通过学习能够达到正常对局的水平，做到既能欣赏围棋，又能感受到围棋的趣味。

　　最后，对为本书出版付出辛勤劳动的各位同仁表示诚挚的感谢。

目 录

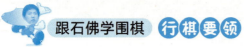
第3章 围棋的进行过程

第 4 章　实战欣赏

围棋的特征与构成

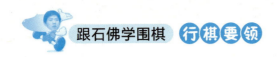
1. 围棋的特征

围棋有什么特征？

①围棋是最民主的运动

民主的基本要素是自由、平等、和平，而围棋运动十分符合这一要旨，具有很多的共同点。

围棋的黑白棋子可以下在棋盘上的任何位置，而象棋、国际象棋的棋子都有固定的路线。围棋对局中不论优势多大，都不能说高枕无忧，因为不知对方在什么时候、什么地方会出现妙手。

另外，围棋由黑白双方轮流交替进行，每方只能下一手棋，不论是谁都不能连续下两手棋，双方的机会完全平等。围棋对局中经常发生战斗，但也有未发生战斗就结束的对局，这种不发生战斗就能取胜的方式，这不正是我们所追求的和平吗？

②适合于各类水平的人娱乐

围棋的世界是越学越发现其博大精深，我每次下棋和研究棋谱时都会有新的发现，经常为围棋的精深和绝妙感叹不已。

围棋虽然如此之精妙，但是并不难学，任何人都适合学习，都能从中享受到快乐。其中最能感受到围棋趣味的是7级到4级水平的爱好者，达到高级水平的爱好者反而感到围棋越学越难，棋力增长处于瓶颈阶段。

③围棋十分追求效率

下图 A、B、C、D 四个棋形中，黑棋各投入了 5 个棋子。A 图中黑子位于三路、四路和五路，并已成功在中腹出头，发展潜力很大。B 图中的黑棋虽然也投入了相同的棋子，但过分偏重于角和边地，实地不到 10 目。C 图中黑棋投入的棋子全部集中在三路，棋形的均衡感虽然不错，但难以围成大的实地。D 图中黑棋围的实地看似比 A 图还大，但由于存在 a 位被打入的可能，实地并未确定。

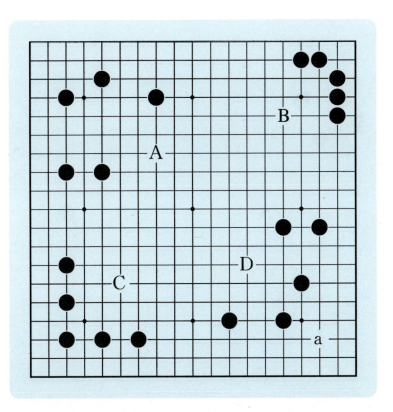

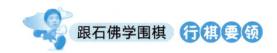
④围棋是具有科学性的运动

围棋的棋盘由纵横各 19 条线组成，这种坐标式体系本身就很具科学性。下图的 A 图中黑●处于另一黑子与白棋对峙的中心点，是力学上的中心，与白棋相比，黑棋占有了绝对的优势。下图的 B 图中黑白双方在角上是相同的棋形，黑●占有边上的中心后，黑棋不论是在围地，还是在发展潜力方面都处于有利地位。

围棋在结束阶段，1 目甚至于半目就可能决定胜负，所以需要缜密的计算能力，计算的范围应包括看得见的实地和看不见的实地，因此下围棋必须具备良好的计算能力。

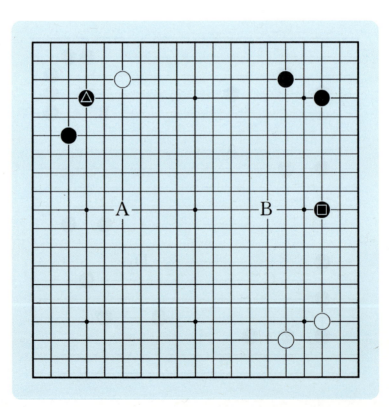

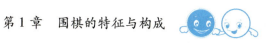

⑤围棋是讲究美学的运动

围棋的棋形不好，结果肯定不好。下图中黑白双方各投入了6个棋子，黑棋的6个棋子全部集中在一起，而白棋的6个棋子则保持比较好的间隔，现在谁好谁坏呢？

首先我们看一下双方的棋形，黑棋不论是在围实地，还是在作战方面作用都不大，是典型的愚形。而白棋眼形丰富，发展潜力大，形状具有美感，所以说棋形好的棋，容易活棋。

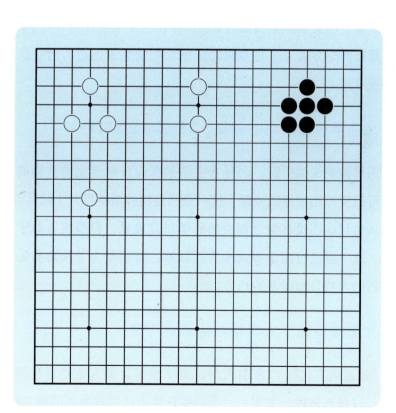

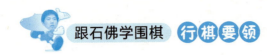

⑥围棋对局十分重视礼节

围棋对局十分重视礼节，不论水平高低，如果没有礼貌或习惯不好，均会受到批评。

对局开始时，双方应相互致意；局中要始终保持谦恭的态度；对局结束后，双方要认真复盘，交流对局感受。初学围棋的爱好者要自觉养成良好的礼仪，这样才能受到大家的欢迎。

⑦围棋有助于智力开发和良好性格养成

围棋有助于智力开发已是不争的事实，同时还可以培养儿童良好的性格，因此很多家长已将学习围棋作为子女教育的有效手段。

最近医学界人士一直在研究围棋对控制儿童创造力的右脑的影响到底有多大。

⑧围棋有益于身心健康，对预防痴呆有特效

围棋需要头脑活跃，因日常生活紧张而日渐僵化的头脑通过润滑，可以发挥出很好的效果，这一点已是精神医学界人士的共识。

虽然目前还没有与之相关的科学研究成果，但围棋有益于身心健康，这一点已被医学界人士广泛认可，特别是为了预防痴呆而学习围棋的人有日渐增多的趋势。

⑨围棋有助于人类精神修养的提高

"欲速则不达"、"塞翁失马，焉知非福"等人生格言在围棋中经常可以得到体现。事实上，我们在日常生活中接触到的很多格言，

在围棋中都有体现，这是因为围棋的棋理很有教育性。

谋大棋时，一定要有所牺牲，而如果野心过大，也会在机会面前受到损失。这些基本棋理对我们理解人生，提高精神修养十分有益，因此围棋有"人生的缩影"、"人生哲学的教科书"之称。

⑩围棋的胜负充满变化

围棋不仅博大精深，而且围棋的胜负常常给人惊心动魄之感。一盘普通的棋，进入中盘以后，至少会有三四次转机。不管下得多好，都难免会出现失误，即使称不上失误，也会因下出缓着而给对方以逆转的机会。加之围棋可以下在任何位置的特点，因而随时都可能出现一些鬼手、妙手，这些情况的出现，又使围棋趣味大增。

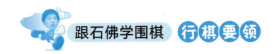

2. 围棋的构成

围棋的构成按照其进行的过程大致可分为初盘、中盘和尾盘三个阶段。

初 盘

初盘好比盖房子中的打地基，围棋将此过程称之为"布局"。布局时为了方便围实地，会以先占角后占边的次序进行。

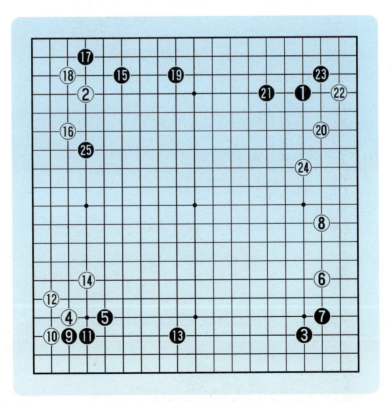

中　盘

　　布局结束后，中盘就开始了。中盘用一句话可以概括为：在布局搭好的框架基础上进一步使实地具体化的过程。黑白双方为了多围地，围绕分界线的确定可能产生各种纷争，同时还有可能打入对方阵营，破坏对方的实地，双方由此必然发生战斗，因此中盘也可称为"中盘战"。中盘战的焦点就是如何确定双方的实地。

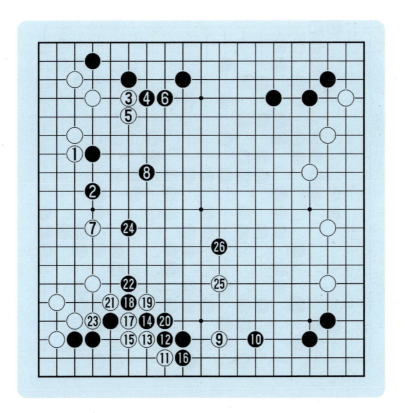

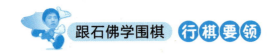
尾 盘

中盘结束后，双方开始进入尾盘。尾盘是双方进一步明确各自的分界线、进行区域整理的过程，也可将其称为"官子"。官子主要集中在二路和一路，直至完成最后的单官整理工作。

在进入尾盘之前，还有一件十分重要的事需要做，即在中盘结束阶段，对局者应进行大致的形势判断，判断一下自己是有利，还是不利；如果不利，差距有多大。

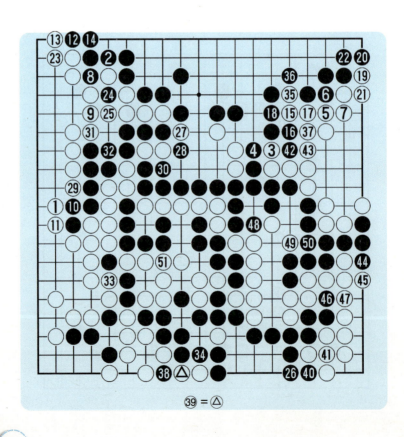

不知自己能否赢棋就结束对局未免过于糊涂，因此在形势判断的过程中，要知道黑白双方大概能有多少目，以及在此基础上决定如何进行尾盘的工作。

　　如果自己处于不利地位，就不能平常地收官，应寻求胜负手，力争在对方有余味以及棋形不好的地方下出棋来，同时还必须忍受一两目的小损失。另一方在面对不利的一方下出胜负手时必须深思熟虑，如果考虑不周，就会陷入对方的欺着圈套，从而导致局面逆转。实战中也有很多高手在尾盘阶段因对方下出胜负手，从而导致局面逆转的情况。因此围棋从始至终，其胜负一直都有悬念。

第2章

围棋的技术和原理

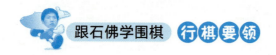

 ## 1. 基本技术

围棋与其他运动项目一样，只有打好基础，水平才能有所长进。图中黑▲打吃时，白△应如何下？

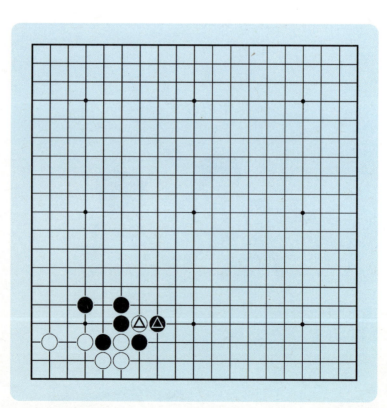

征 子

"不懂征子，就不会下围棋"，这是围棋中的一句格言，由此可以说明征子是最基础的技术。

征子本身并不难，但围绕引征所展开的攻防战却是一项十分复杂的技术。

图 1 征子

图中白 1 处于被征的状态，黑 2 以下是征子的过程。在征子过程中黑 2 下在了左侧，黑 4 就下在了右侧，以后黑 6 又下在了左侧，黑 8 接着下在了右侧，这一系列的进程就是征子的要领。

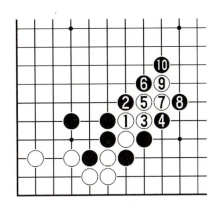

图 1

图 2 小心对方的防守

黑棋在征白◎三子时，一定要小心白△的防守作用。

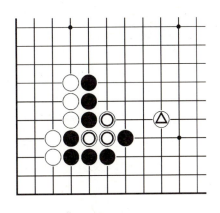

图 2

图 3 遇到麻烦

黑1打吃看似当然的进行，但白2长后，黑3、5继续打吃会遇到麻烦，白6长后，白△可以引征，黑棋的征子不成功。是不是说明黑棋的征子不能成立呢？当然不是，而是黑棋的征子方法存在问题。

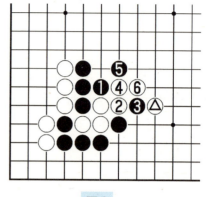

图 3

图 4 避开引征

黑1打吃，黑棋可以避开白棋的引征，其后黑3继续打吃，白4长后，黑棋的征子也不成功。这是因为黑3打吃失误，黑棋虽然避开了引征，但又遇到了其他问题。

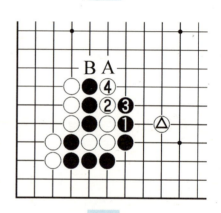

图 4

图 5 正确的下法

本图中的黑3是正确的打吃，白4长，由于黑△得以长气，黑棋可以避开白△的引征。

在征子之前，一定要考虑好打吃的方向以及引征的作用。

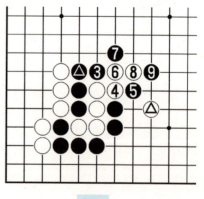

图 5

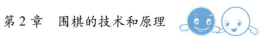

图 **6**　引征

现在我们欣赏一下围绕引征所展开的精彩攻防战。左下角黑△征吃白棋一子，白 2 右上挂角，黑棋依定式于黑 3 补棋，此时白 4 长，白棋之所以长，是因为有白 2 的引征。

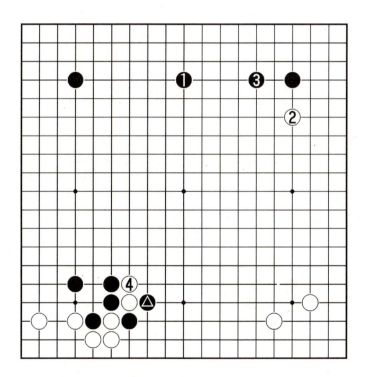

图 6

17

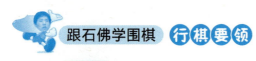

图 7 后续进程

如果你还有疑问，请看图中黑 5 以下的征子进程，进行至白 36，黑棋发现大势不妙，原因是已不能继续征吃白棋，如果黑 A 打吃，白 B 可以与白◻实现连接。

白◻所发挥的作用正是引征。

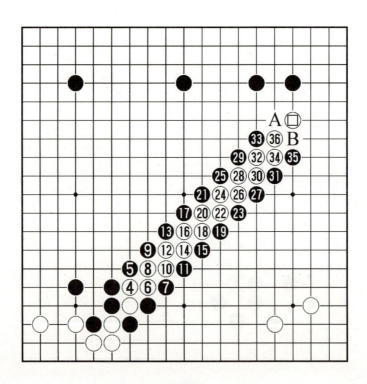

图 7

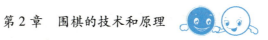

图 8　满目疮痍

本图是图 7 的结果图，白棋从征子中逃脱后，黑棋反而到处都有毛病，下侧有 A、B、C 等 8 处断点，上侧有 D、E、F 等 7 处断点，两者相加，黑棋总共有 15 处断点。

黑棋现在是满目疮痍，想补也补不过来，当初黑◉还不如不下，直接提子，也不至于发展成现在的局面。

由此可见，不懂征子，会导致多大的失败。所以在征子时，一定要先考虑清楚，再做下一步动作。

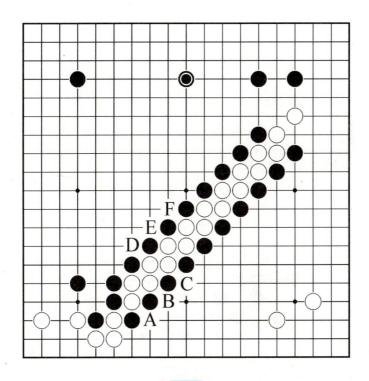

图 8

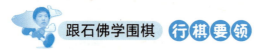

图 **9** 先行提子

那么黑棋应如何下？

答案十分简单，当对方引征时，可以考虑立即提子，即白 2 挂角时，黑棋脱先，而于黑 3 立即提子。

以后白 4 虽可双飞燕夹，威胁黑 ■ 一子，但这不是目前最重要的问题，应先解决当务之急。

另一种简明的下法是黑 1 直接下在 3 位提子，白 2 再挂角时，黑棋可以断然相应。

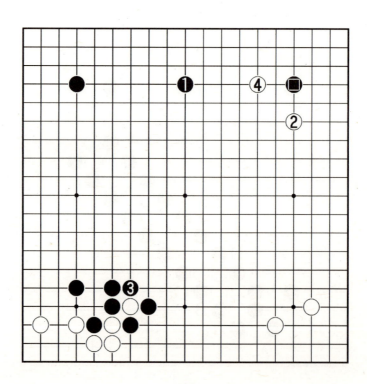

图9

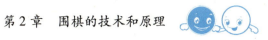

图 **10**　引征的范围

很多人会问，引征的范围是多大？请看下图分析。

黑▲征吃白棋一子，其轨迹如箭头所示，白棋如果引征，必须事先在征子的前方下子方可成立。

征子和引征均不可在下棋的过程中随意实施，而应事先在脑海中计算好才能实施，为了减少失误，需要平时多加训练。

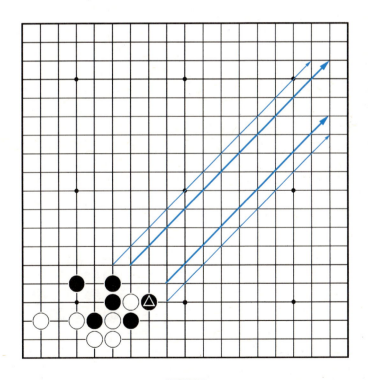

图 10

关 门

如果将征子比喻成钓鱼的话，关门就是用网捕鱼，在征子不成立或征子不利时，关门也是很好的吃子方法。

如此说来，关门是不是比征子更好呢？也不尽然，关门同样也有很多被对方利用的机会。

图 11 关门

本图是关门吃子的最基本棋形，黑▲就是关门吃白棋一子。

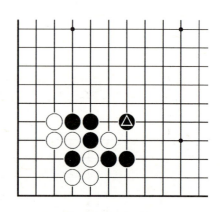

图 11

图 12 吃子过程

黑▲关门时，白棋一子已经无路可逃，图中白1、3出逃时，黑2、4应，白棋三子被吃。

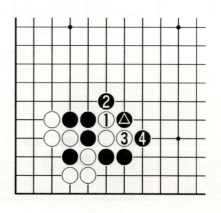

图 12

22

图 13 关门的代价

白△被关时，白1、3点是白棋的先手权利，以后白5飞也是考虑到了白3的作用。

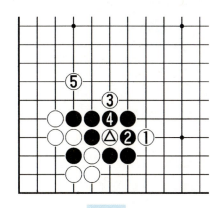

图 13

图 14 关门吃多子

关门不仅限于吃一个棋子，也可关门吃多个棋子，关门的棋形非常多样。

图中黑棋可以关门吃白◎三子，应该如何下？

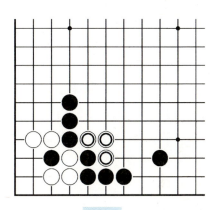

图 14

图 15 方向错误

黑1软封，结果如何？白2跳后，白棋可以轻松出头。

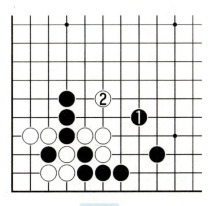

图 15

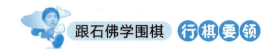

图 16　左右同型取中央

黑1封是正确的下法，仔细分析后可以发现，白棋三子正位于左右同型的中央。

在关门吃对方棋子时，仔细分析对方棋子的左右情况，找到中心点是关键。

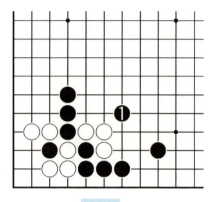

图 16

图 17　徒劳的挣扎

白棋被关门后，再想出头已经徒劳。白2如果长，黑3挡，白4再冲，黑5挡十分重要，白6、8打吃，黑9长，后续进行见下图。

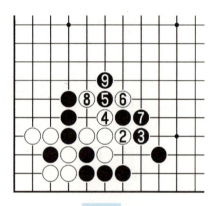

图 17

图 18　坚实的包围网

其后白10长时，黑11切断，白棋无法逃脱。如果白10下在11位连接，黑棋在10位封挡后，白棋同样不能动弹。黑■与黑●所构成的包围网十分坚实。

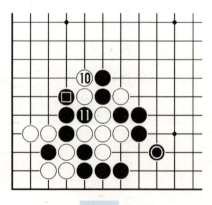

图 18

图 19　破地的关门

黑 1 断打，黑棋如果能吃住白△，就可成功破白棋的实地，因此对双方都十分关键。

黑棋能吃住白△吗？此时白▢又会发挥什么作用？

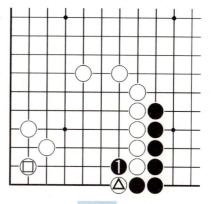

图 19

图 20　普通下法

白 2 长，下至黑 9，黑棋一直打吃白棋是普通的下法，白 10 接后，黑棋的下法不成立，因为白▢可以发挥联络的作用。现在黑棋是不是还有其他下法？

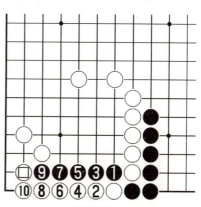

图 20

图 21　2 路关门

黑 3 打吃后，黑 5 关门是正确的下法。其后白 A 冲，黑 B 挡；白 C 长，黑 D 挡后，白棋被吃，而白▢一子鞭长莫及。

关门的下法在一路和二路中也经常使用。

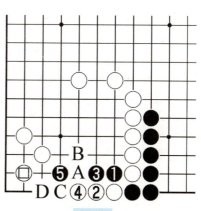

图 21

图 22　关门的应用

图中黑白双方相互切断，黑棋子力上处于劣势，黑⬤两子十分危险，这两子如果被吃，以后白棋还有 A 位切断的手段，黑棋将十分困难。请问黑棋摆脱危机的妙手是什么？

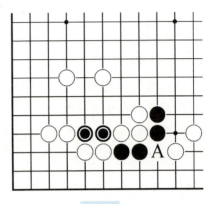

图 22

图 23　征子不成立

黑 1、3 直接打吃是缺少思考的下法，白 4 长后，黑棋征子不成立，黑棋两子被吃后，还有 A 和 B 位的断点。

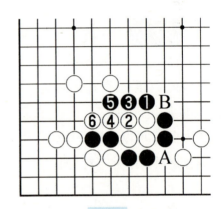

图 23

图 24　关门

黑 1 首先打吃，其后黑 3 关门是正确的下法。以后白 A 冲，黑 B 挡；白 C 冲，黑 D 挡，黑棋可以吃掉白棋，而白△一子鞭长莫及。

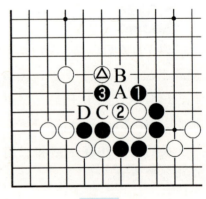

图 24

征子与关门

征子与关门的原理既有相通的地方，又有不同的地方，在实战中经常出现，只要正确掌握了相关的知识，就可从容应对，如果没有就会惊慌失措，因此希望大家熟练掌握。

图 25　断吃的手筋

图中白△切断黑棋，黑棋如果不吃掉这颗白子，黑棋就被一分为二，此时黑棋的正确下法是什么？黑棋一定要考虑到白▣的作用。

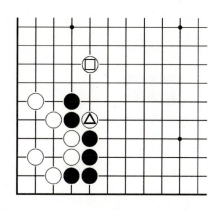

图 25

图 26　征子不成立

黑 1、3 如果直接吃白棋是不负责任的下法，由于白▣的引征作用，下至白 6，黑棋失败。

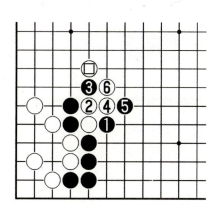

图 26

图 27 关门

黑 1 关门是手筋，白 ◎ 一子无法发挥作用。

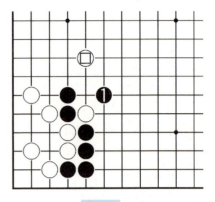

图 27

图 28 后续手段

其后白 2、4 试图出头，黑 3、5 挡，白 6 冲，下至黑 11 后，白 A 若冲，试图与白 ◎ 实现联络时，黑 B 可以打吃，白棋无法逃脱。

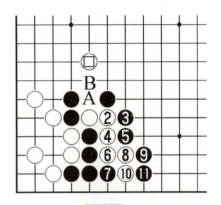

图 28

图 29 对攻战

其后，如果白 12 扳，试图与左侧黑棋展开对攻战，但黑 13、15 打吃后，黑棋快一气，白 △ 切断黑棋的目的未能得逞。

图中出现的是征子与关门的混合棋形。

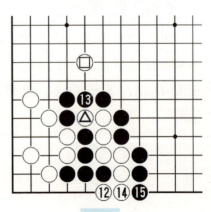

图 29

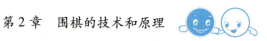

倒　扑

在对方的虎口内投入一子，如果对方提子，然后再吃掉对方若干个棋子的着法称为"倒扑"。

掌握倒扑的技术后，可进一步体会到围棋的趣味。

图 30　倒扑的基本型

本图是倒扑的基本型，黑棋可以利用倒扑，实现角和中腹的联络。

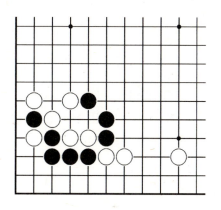

图 30

图 31　先投一子

倒扑的核心是先在对方的虎口内投入一子，即黑 1 扑，并打吃白棋两子，迫使白 2 提子。

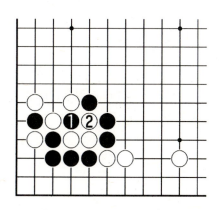

图 31

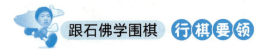

图 32　反提

其后黑 3 可以反提白△三子，由此黑棋实现角和中腹的联络，白棋反而被一分为二。

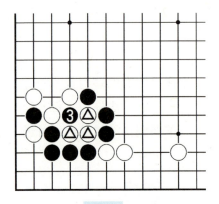

图 32

图 33　倒扑的应用

黑棋如何利用被吃的黑△一子给白棋致命一击？

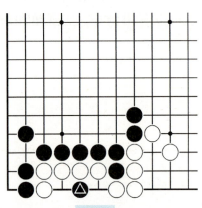

图 33

图 34　第 1 轮牺牲

黑棋先投入一子，即黑 1 打吃，让白 2 提黑棋两子，其后黑棋可以继续攻击白棋。

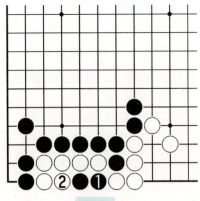

图 34

图 35　第 2 轮牺牲

其后黑 3 再扑，是黑棋的第 2 轮牺牲，白 4 如果提子，后续变化见下图。

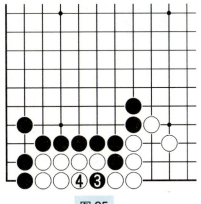

图 35

图 36　倒扑成功

其后黑 5 可以反提白棋若干个棋子，黑棋通过连续扑，最后反提吃掉白棋一大块棋子，这正是倒扑的巧妙之处。

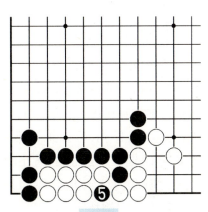

图 36

图 37　倒扑棋形的制造

既然"倒扑"如此精妙，在实战中如何制造倒扑的棋形呢？

图中被黑棋围困的白棋空间很大，眼形也很丰富，看似活棋问题不大，但黑棋可以一招制敌。请问黑棋取胜的急所是什么？

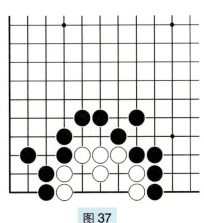

图 37

图 38　缺少思考

黑1直接打吃是缺少思考的下法，无疑是在帮白棋活棋。白2应，黑3又打吃，白4连接后，白棋可以活棋，因为黑 A 不能入子，白棋在 Z 位有两口外气。

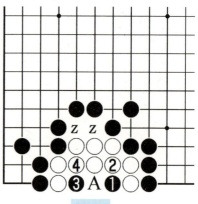

图 38

图 39　双倒扑

位于左右对称棋形中央的黑1是吃白棋的急所，白2如果做眼，黑3直接提子，这是倒扑的棋形。同样白 A 如果做眼，黑 B 可以提子，这也是倒扑的棋形，现在两侧都是倒扑的棋形，称为"双倒扑"。

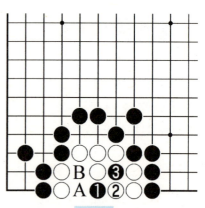

图 39

图 40　死活的急所

图中白1如果连接，白棋也不能活。因为白 A 不能下，白棋如果在 B 位连接，黑▲正好点在直三的中间，白棋不活。白棋如果想活棋，应先补一手棋。

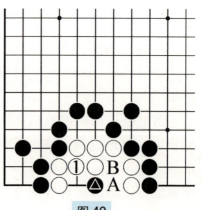

图 40

接不归

通过连续打吃，让对方棋子形成不能连回的状态称为"接不归"。我们经常可以在拳击比赛中看到，拳手通过左右连击，将对方击倒的情况，而围棋中与此类似的正是"接不归"。

图 41　接不归的基本型

本图是接不归的基本型，黑◉六子已被白棋围困，如何才能摆脱危机？

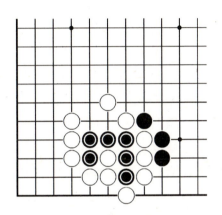

图 41

图 42　连打

黑1打吃，白2连接时，黑3继续打吃，白棋接不归。以后白4若接，黑5可以打吃，白棋若干个棋子被吃。

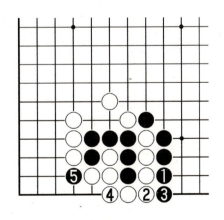

图 42

图 43　接不归的应用型

我们现在再上升一个台阶，本图中白棋多了一个白○，此时黑棋如何打白棋接不归？

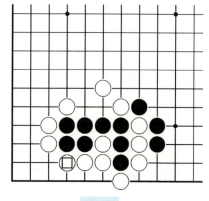

图 43

图 44　策略不足

黑1打吃，白2连接，此时黑3继续打吃，白4同样连接，黑5断时，白6可以打吃黑棋，黑棋失败。原因是黑3打吃没有考虑到白○的作用，黑棋策略不足。

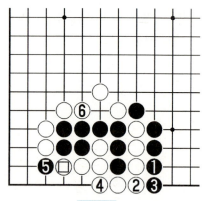

图 44

图 45　正确的下法

黑3先扑一手是正确的下法，白4必须提子，后续变化见下图。

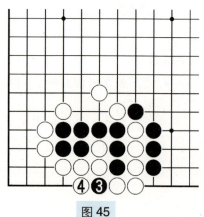

图 45

图 *46*　后续进行

其后黑 5 打吃，不给白棋喘息之机，黑 7 断打后，黑棋可以吃住白棋。其中黑棋先扑入一子，目的是让白棋撞气。围棋中类似的先投资，然后获取更大收益的事例很多。

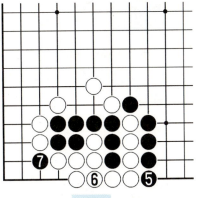

图 46

图 *47*　角部的接不归

角上黑棋现在只有 A 位一个眼，而且也没有再做一眼的空间，不过黑棋不用灰心，可以利用接不归确保活棋。

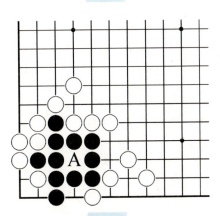

图 47

图 *48*　黑棋死棋

黑 1 直接打吃，明显缺乏思考。黑 3 时，白 4 连接，黑棋已不可能再做出一眼，结果是死棋。

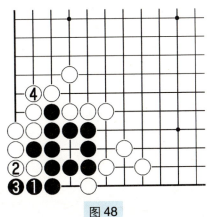

图 48

图 49 正确的下法

黑 1 先扑是正确的下法。由此可见，围棋中的倒扑技术是多么重要。

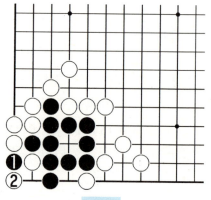

图 49

图 50 后续进行

其后黑 3 打吃，白 4 如果连接，黑 5 打吃后，大块白棋被吃。黑棋先扑一手，让白棋自撞一气，是黑棋成功的根本原因。

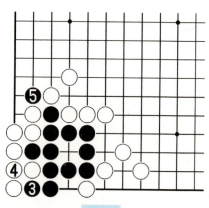

图 50

滚　打

通过连续打吃，迫使对方的棋子凝成一团的严厉手段称为"滚打"，与接不归、倒扑一样，是围棋中十分重要的技术。

图 **51**　应对白棋的无理

图中黑白双方相互切断，展开了对攻，白 A 紧气后，白棋可以吃黑棋三子，但白棋下出了白△跳的无理棋，此时黑棋如何应对？

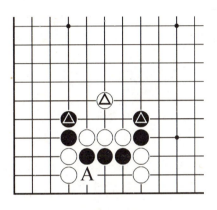

图 51

图 **52**　帮对方下棋

黑 1 紧白棋的气，显得有气无力，明显是在帮对方下棋。白 2 双后，白棋如愿所偿，下侧的黑棋自然死亡，上方的黑棋被一分为二，黑棋大损。

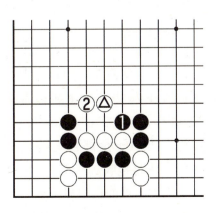

图 52

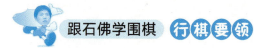

图 53 正确的下法

黑 1 挖是手筋，白◎三子由此束手就擒。具体原因请见下图。

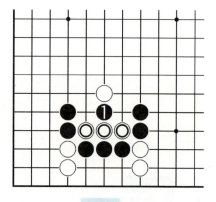

图 53

图 54 后续手筋

白 2 打吃是唯一的反击手段（白 4 打吃结果相同），此时黑棋要注意的是不能在 4 位连接，黑 3 断打则是后续手筋，白 4 提子，后续进行见下图。

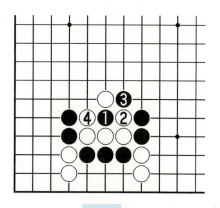

图 54

图 55 滚打的代表型

其后黑 5 打吃，白棋由于不能同时在 A 和 B 位下棋，因此白棋接不归。在接不归中，这种将对方棋子全部包吃的方法称为"滚打包收"。

图中出现的白棋棋形被称为"梨形"，有时也称为"葫芦形"。

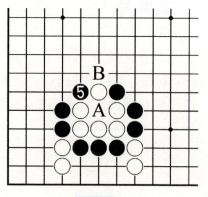

图 55

征子与滚打

滚打对方后，再利用征子吃对方棋子的手段称为"滚征"。滚征给对方造成的心理打击要比实际损失更大，以下所讲的内容，大家一定要牢记，在实战中要尽量避免被对方滚征。

图 56　滚征的基本型

白棋以白△为后援，于白 1 长，试图救出白▢一子，白棋如果能逃脱，黑棋将被一分为二。请问黑棋如何攻击白棋？

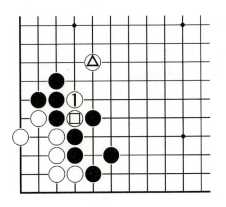

图 56

图 57　正中白棋的意图

黑 2 如果打吃正中白棋的意图，白 3 长后，黑棋的征子已不成立，因为有白△的引征。

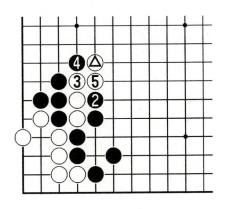

图 57

图 58　黑棋关门

黑 2 关门是正确的下法，白 A、B 冲均不成立，但白棋有其他手段。

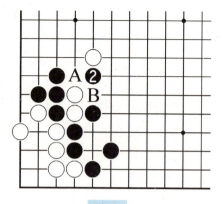

图 58

图 59　白棋的抵抗

白 3 打吃后，白 5 冲是白棋的抵抗手段，此时黑棋需要一定的计算能力。

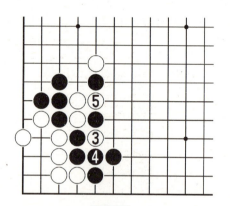

图 59

图 60　正确的下法

其后黑 6 紧气是不易想到的手筋，白 7 提子，黑 8 打吃是绝妙的次序，白 9 如果连接，黑 10 滚征。这一进行虽然有点复杂，但的确很有意思。

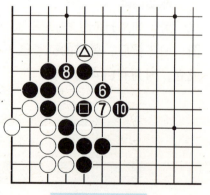

图 60　⑨＝■

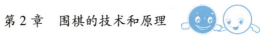

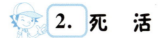

2. 死 活

围棋归根到底是围实地的运动，黑白双方围绕围地不可避免产生冲突，因此棋子的死活十分重要，只有确认自己的棋子是死是活，才能与对方展开作战。

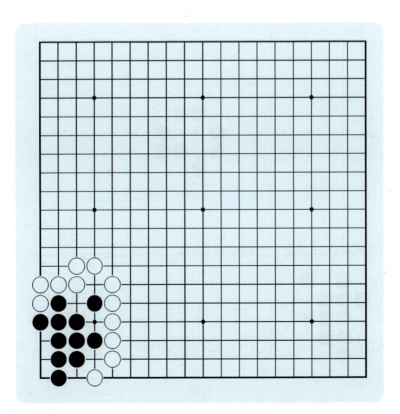

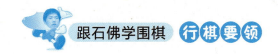
活棋与死棋

棋子要想活棋，必须要有两个眼。要想做眼又必须确保充足的眼位，眼位的具体表现为眼形，通过眼形分析可以确定一块棋的死活。

图 1　活棋的基本条件——三个眼位以上

一块棋要想活棋，必须要有三个眼位以上，下图中三个眼位的中间，即 A 位是双方的急所。

黑棋如果先下，黑棋在 A 位补棋后，就可两眼活棋。白棋如果先下，白棋在 A 位点后，黑棋不活。

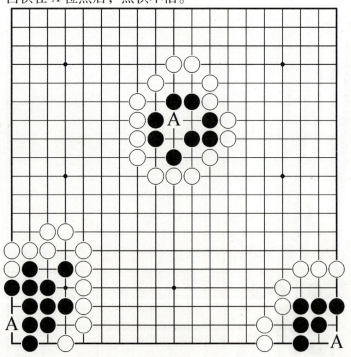

图1

图 2　直四、曲四——活棋

通过对图1的分析可以发现，具有三个眼位，只有一半机会活棋，那么有四个眼位就可无条件活棋吗？

回答是否定的，下图 A、B、C 三图是直四和曲四的棋形，黑棋可以活棋，因为黑棋可以见合 a 和 b 位，从而确保两眼活棋。

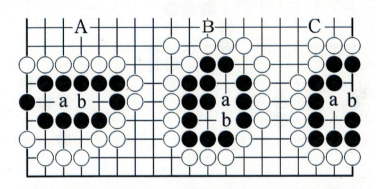

图2

图 3　方四、丁四——死棋

A 图是方四的棋形，黑棋即使再补一手棋也不能活，要同时在 a、b 处补棋才可具备两个独立的眼，因此方四的棋形是死棋。

B 图是丁四的棋形，a 位是急所，黑棋如果先下，黑 a 补棋后可以活棋。白棋如果先下，白 a 点后，黑棋死棋。

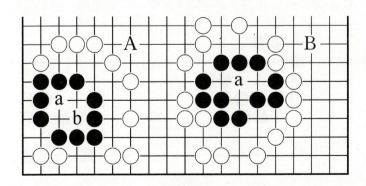

图3

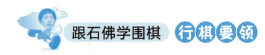

图 4　刀五、花聚五——死棋

下图是刀五和花聚五的棋形，A 位是急所，黑棋如果先下，黑 A 补棋后，黑棋活棋。白棋如果先下，白 A 点后，黑棋不活。

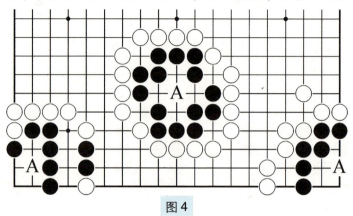

图 4

图 5　葡萄六——愚形的极致

图中是葡萄六的棋形，黑棋同样是死棋，A 位仍是急所，白棋在此点后，黑棋不活。因此一块棋能否活棋，眼位的多少只是一方面，更重要的是棋形。

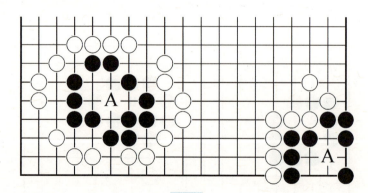

图 5

假　眼

棋形的形状类似眼，但在一定条件下会被对方破掉其中的一部分，所以并不是真正的眼，而是虚假的，因此称为"假眼"。

假眼的情况经常出现，一些中级水平的爱好者在实战中也经常被迷惑。

图 6　假眼的基本型

黑△分别扳在了两侧，图中黑棋能活棋吗？

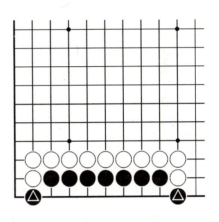

图6

图 7　扑

有关死活的问题，我们在入门阶段就已学过，其中扑是制造假眼的有效手段。白 1、3 连续扑，然后白 5 点，黑棋不活。

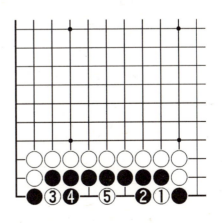

图7

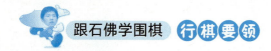

图 8　假眼

本图是图7的结果，黑棋提去白棋的棋子后，A、B位都不能成眼。不管有多少假眼，对活棋都无帮助。当初黑△下在A或B位，反而可以活棋。

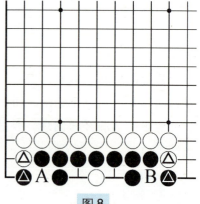

图8

图 9　做眼的关键

黑棋大龙在 A 和 B 处有两个眼位，A 位是真眼，而 B 位则是假眼，区别是 A 位的眼受到了黑△的保护，而 B 位的眼受到白△的破坏，这就是做眼的关键。

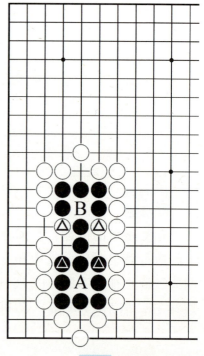

图9

46

图 10　眼的外围保护

要避免出现假眼，就必须强调外围的保护。图中 A、B、C 三个棋形中黑棋都只有一个眼，是死棋。

A 图：a 位的眼有三处保护棋子（黑▲），因此 a 位是一个完整的眼，b 位的眼保护棋子只有两个（黑▲），白△占有了两个，因此是假眼。结论是：在中腹，眼位四周的四个棋子中，己方必须占有三个才能确保一个完整的眼。

B 图：c 位的眼有两处保护棋子（黑▲），是一个完整的眼。d 位的眼只有一处保护棋子（黑▲），另一处被白△占据，是假眼。结论是：在边地，眼位的外围必须要有两个保护棋子才能确保一个完整的眼。

C 图：e 位的眼有三个保护棋子（黑▲），是一个完整的眼。f 位的眼由于唯一的保护棋子被白△占据，因而是假眼。g 位的眼由于只有一个保护棋子，也是假眼。结论是：在角地，保护棋子只要一个即可。

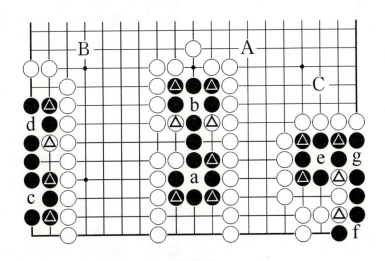

图 10

图 11　破眼的技术

现在我们来学习一下破眼的技术。白棋要吃黑棋大龙，应如何下？

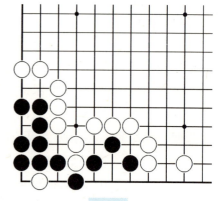

图 11

图 12　扑——破眼的关键

扑是破眼的有效手段，图中白 1 扑是破眼的关键，黑 2 提子。

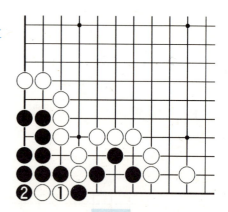

图 12

图 13　点——后续手段

其后白 3 再扑，类似这样反复扑的下法，或许有人会问，这样下自己会不会有损失，实践证明只要能吃住对方，自己绝不会受损。黑 4 提子，白 5 点是后续手段，黑棋结果不活。

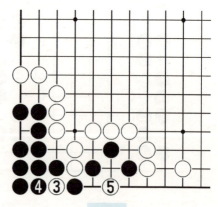

图 13

图 14　扑——第 3 轮攻击

其后黑 6 挡，黑棋继续抵抗，如果下在 7 位连接，白棋可在 6 位渡过，黑棋只有一眼。白 7 再扑，黑 8 提子。

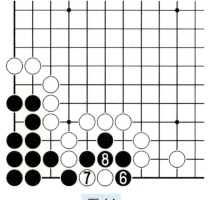

图 14

图 15　结束篇——再扑

白 9 再扑是第 4 轮攻击，黑 10 提子后，黑棋无法摆脱死棋的命运。

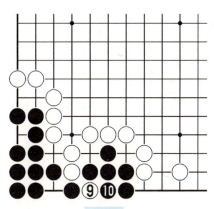

图 15

图 16　破坏保护

本图是图 15 的结果，由于白△破坏了黑棋眼位的保护，A 和 B 位均是假眼。

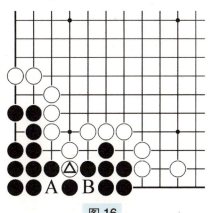

图 16

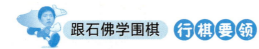

图 17　黑棋的变化

白 1 扑时，黑 2 如果连接，黑棋仍然无法做活。此时白 3、5 扳接，由于黑棋不能同时占据 A 和 B 位，因此 C 位是假眼。

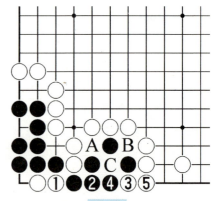

图 17

图 18　常见的棋形

图中黑棋应如何下才能破中腹的白棋一眼？这是实战中经常出现的棋形，大家一定要牢记。

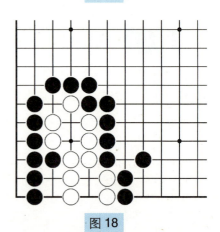

图 18

图 19　错误下法

黑 1 打吃是帮对方下棋的下法，白 2 连接后，A 位是真眼，白棋活棋。

黑棋的下法明显缺少思考，而围棋是需要思考的运动，不能随手下棋。

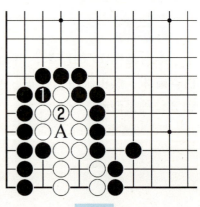

图 19

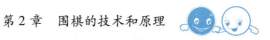

图 20 扑是关键

只要略加思考，就可发现正确的答案。黑1扑是正确的下法，白棋不能下在 A 位连接，否则黑棋可在 2 位提子。白 2 只好提子，后续进行见下图。

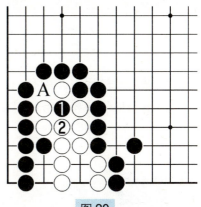

图 20

图 21 后续进行

其后黑 3 打吃，A 位是假眼，白棋整体只有一个眼，不能活棋。

要摆脱假眼的魔咒，在做眼时，必须首先养成判别真眼、假眼的习惯。

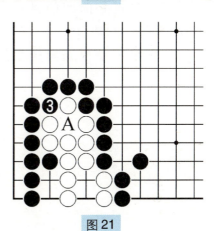

图 21

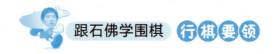

死活与外气的关系

在做眼的过程中，还有一项必须关注的事情，就是要仔细观察外气。由于外气与死活密切相关，因此初学者必须掌握。

图 22 活棋的条件

图中黑棋是曲四的棋形，应该是净活，以后白 A 时，黑 B 补棋，黑棋可确保两眼活棋，但有前提条件。

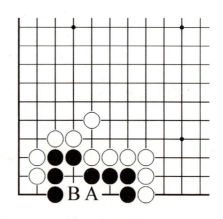

图 22

图 23 外气的差别

外侧的白△紧气时，黑棋如果脱先，白 1 点后，黑棋不活。由于白▢的原因，白 1 点时，黑棋不能下在 3 位，必须于黑 2 连接，白 3 继续破眼，黑棋不活。

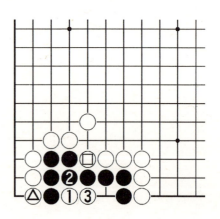

图 23

图 24　黑棋补棋

白△紧外气时，黑棋必须于黑 1 或 A 位补棋，方能两眼活棋。也就是说在任何时候，白△都是绝对的先手。

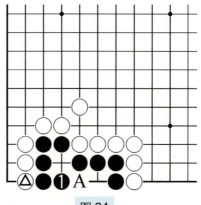

图 24

图 25　板六——活棋

图中黑棋是板六的棋形，黑棋可以活棋，白 1 如果破眼，黑 2 补棋即可。以后白棋在 3 位或 4 位继续破眼，黑棋在 4 位或 3 位补棋后，黑棋活棋。因此板六的棋形是活棋。

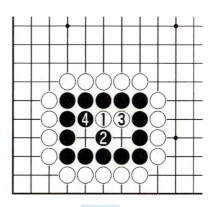

图 25

图 26　棋形不完整

本图的棋形虽然与板六的棋形相似，但白△占据了黑棋眼形的重要位置，此时黑棋必须在 A 或 B 位补棋，否则不活。

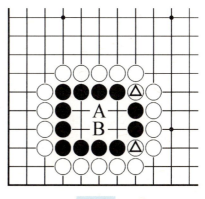

图 26

图 27　黑棋不活

图中黑棋如果不补棋，白1打吃后，黑棋不活。黑2时，白3长，其后黑A则白B，黑B则白A，黑棋不能活棋。

黑棋不活的原因是白△占据了黑棋眼形的重要位置。黑棋的棋形称为"不完整板六"。

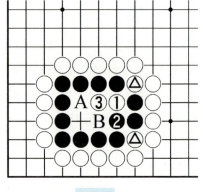

图27

图 28　一子之差

本图的棋形有点复杂，黑棋如果占据白△的位置，黑棋肯定可以活棋，现在虽然只有一子之差，却有生死之别。

本图在实战中经常出现，黑棋如果脱先，请见下图。

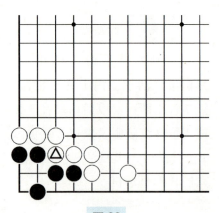

图28

图 29　后续进行

因为有了白△，白1可以点，黑2必须补棋，其后白3扳，黑棋不活。

因此白△时，黑棋必须在3位补棋，确保活棋。

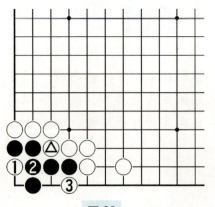

图29

六死、八活

位于二路或三路的棋子，应该长多少手棋方能活棋？我们现在对此进行分析。

位于四路以上的棋子，因周边情况不同，活棋所需的条件比较复杂，现在暂时不作分析。

图 30　二路 6 子——死棋

现在二路上有 6 个黑子，黑棋能否活棋？

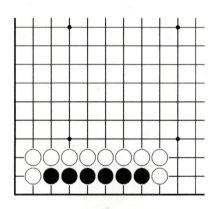

图 30

图 31　做眼空间不够

黑 1 扩眼欲活棋，白 2 扳后，白 4 点是破眼的手段，其后黑 5 提子，白 6 封堵后，黑棋不活。因此二路上 6 子是死棋。

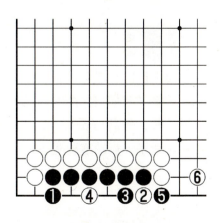

图 31

图 32   二路7子

如果二路上有7个黑子，死活情况又会如何？

黑棋如果先下，黑1扩眼，白2扳后，白4点，黑5补棋，黑棋确保两眼活棋。因此二路7子，黑棋先下可以活棋。

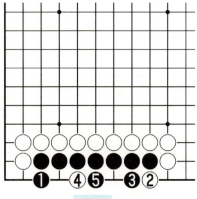

图 32

图 33   对方先下死棋

白棋如果先下，黑棋不活。白1、3分别在两侧扳后，白5点，黑棋不活。

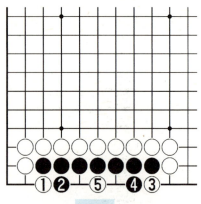

图 33

图 34   黑棋的反抗

白1扳时，黑2扩眼进行抵抗，结果又会如何？此时白3可以继续长，然后白5再点，黑6提白棋两子，后续变化见下图。

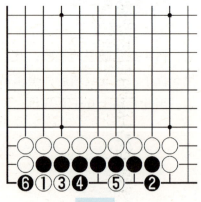

图 34

图 35　假眼

其后白 7 扑，黑棋是假眼。因此二路 7 子时，能否活棋，取决于谁先下。

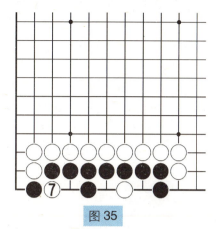

图 35

图 36　二路 8 子——活棋

二路 8 子的情况又会如何？请见以下分析。

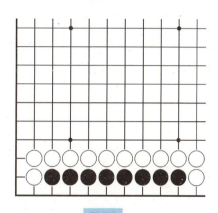

图 36

图 37　活棋

黑棋在二路有 8 个棋子时，白棋即使先下，黑棋也可确保活棋。图中白 1、3 扳，黑 2、4 应后，黑棋成直四的棋形，是活棋。

因此二路上棋子死活的情况是：①二路 6 子死棋；②二路 7 子双方机会各半；③二路 8 子活棋。结论是 6 死、8 活。

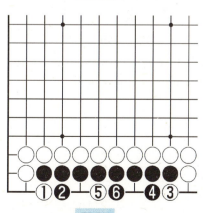

图 37

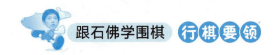

四死、六活

现在我们再分析一下 4 个棋子和 6 个棋子的死活情况，这就是所谓的"4 死、6 活"，本节适用于边上三路和角上二路的棋形。

图 38 角部情况

本图中的黑棋位于角部，对于黑棋活棋多少有点帮助，首先分析一下角部 6 个棋子的情况。

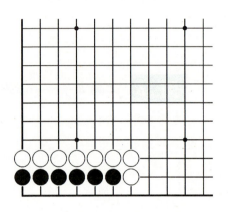

图 38

图 39 角部 6 子——活棋

现在黑棋角部有 6 个棋子，白 1 扳后，白 3 点，黑 4 应后，黑棋可以两眼活棋。

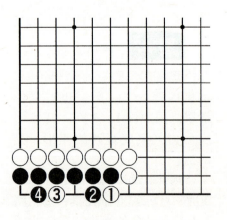

图 39

图 40　角部 5 子

角部 5 个棋子与边地 7 个棋子的情况相似，棋的死活取决于谁先下。

白棋如果先下，白 1 扳后，白 3 点，黑棋不活。

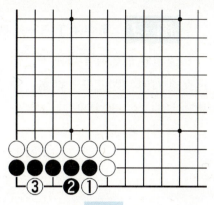

图 40

图 41　黑先下——活棋

黑棋如果先下，黑 1 下立后，黑棋即可简单活棋。白 2 点，黑 3 应后，黑棋活棋。白 2 如果下在 3 位，黑棋在 2 位应后，同样活棋。

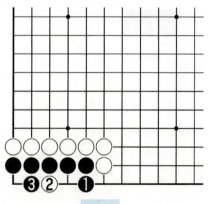

图 41

图 42　黑棋的注意事项

黑 1 扳不成立，黑棋的意图是让白棋在 A 位扳，黑棋在 2 位连接，但这仅是黑棋的单方设想。此时白 2 可以扑，黑 3 提子后，白 4 点，黑棋不活。黑棋提白 2 后，2 位是假眼。

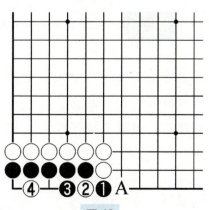

图 42

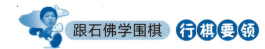

图 43　角部 4 子——死棋

黑棋在角部有 4 个棋子，情况又会如何？即使黑 1 扩眼，黑棋也只是直三的棋形，白 2 点后，黑棋死棋。

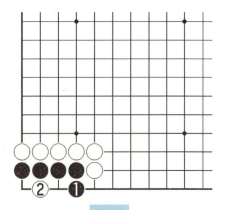

图 43

图 44　三路的死活情况

三路的死活情况又会如何？前面我们对二路棋子死活的情况进行了简单分析，破眼的手段也只是扳和点，而三路棋子死活要复杂得多，以下对三路棋子死活的基本原理进行分析。

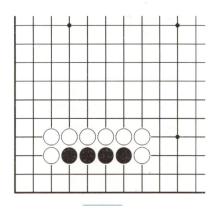

图 44

图 45　三路 4 子——死棋

黑棋在三路有 4 个棋子，此时黑棋即使先下，黑棋也不能活。图中黑 1、3 扳虎，白 4、6 扳接后，黑棋下成了弯三的棋形，不能活棋。其中黑 3 如果下在 A 位，黑棋也只能下成方四的棋形，仍然不活。

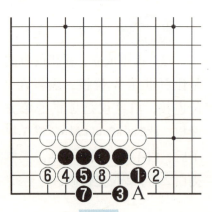

图 45

图 46　三路 5 子的情况

黑棋在三路有 5 个棋子时，死活的情况取决于谁先下。黑棋如果先下，黑 1、3 扩眼后，黑棋活棋。白 4、6 扳接，黑 7 做眼后，黑棋可以活棋。白棋如果先下，则黑棋不活。

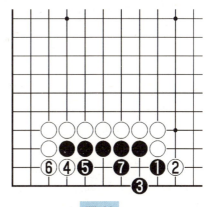

图 46

图 47　三路 6 子——活棋

黑棋在三路有 6 个棋子，黑棋肯定可以活棋。白 1、3 扳接，黑 4、6 应后，黑棋活棋。不过白 7 点时，黑棋不能在 A 位连接，否则白棋在 8 位长后，黑棋不活。黑 8 补棋一石二鸟，不仅可照顾到 A 位的弱点，还是做眼的好手。

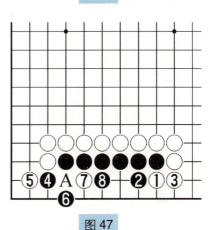

图 47

结论是角部二路和边地三路的死活条件为"4 死、6 活"，即：4 个棋子死棋；5 个棋子双方机会各半；6 个棋子活棋。

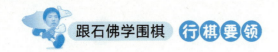

活棋的方法

活棋的方法有两种：一种是扩眼；另一种则是抢占做眼的急所。

图48 其他活棋方法

图中 A、B 两个棋形十分相似，区别只是有无黑●和白○，但活棋的方法却完全不同。A 图中黑1下立后，黑棋可下成曲四活棋。而 B 图中黑1下立时，白2点后，黑棋不活。

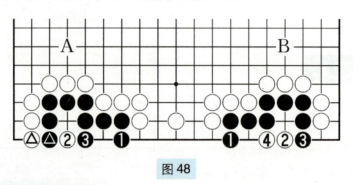

图48

图49 扩眼和做眼

A 图中黑1做眼是否同样可行？黑1做眼后，黑棋虽然也是活棋，但与图48相比，黑损2目以上。

B 图中黑1做眼可以活棋，白2时，黑3补棋可确保两眼活棋。

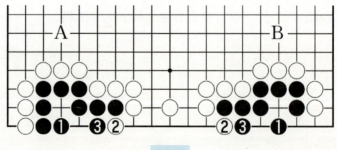

图49

图 50　扩眼活棋的方法

图中黑棋如欲活棋，应如何下？

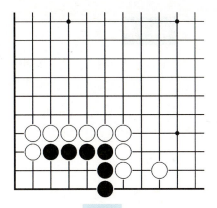

图 50

图 51　最大限度扩眼

黑棋由于空间不大，要想活棋必须扩眼，黑 1、3 扳立，黑棋最大限度扩眼，黑棋下成了边上板六的棋形，可以活棋。

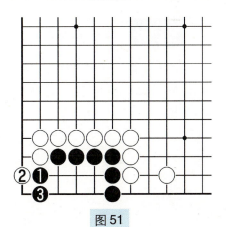

图 51

图 52　充分活棋

其后白 4 如果点，黑 5 补棋后，黑棋由于可以见合 6 和 7 位，黑棋活棋。

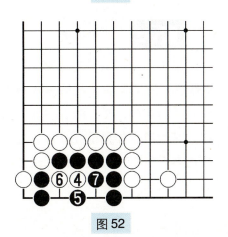

图 52

图 53 恶手

黑棋过于小心，于黑3补棋是恶手，白4打吃，黑棋如果在6位连接，黑棋不活。黑5反抗，最多只能下成打劫活。

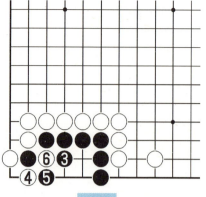

图 53

图 54 做眼的方法

现在分析一下做眼的方法，如果不知道做眼的急所，则很难活棋。

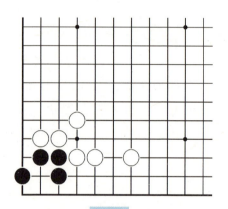

图 54

图 55 黑棋死棋

本图黑1扩眼操之过急，白2点后，黑棋不活。其后黑3继续长，白4挡，黑5时，白6破眼。其中黑5如果下在6位，白棋可在5位应，黑棋同样无法做出两眼活棋。

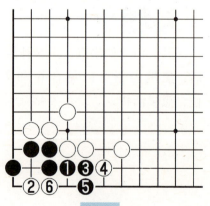

图 55

图 56　做眼活棋

黑 1 做眼是简明的活棋方法，抢占做眼急所，确保活棋是上策。

做眼的急所，不难发现，只要在虎口的位置寻找即可。

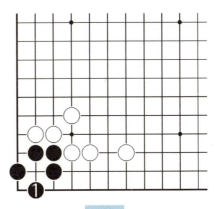

图 56

图 57　最常见的棋形

本图的棋形多少有点复杂，却是实战中经常出现的棋形，大家必须牢记。

白△扳缩小眼位时，黑棋应如何活棋？

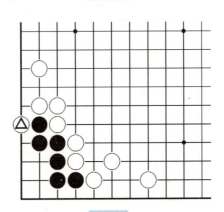

图 57

图 58　错误下法

黑 1 挡是随手棋，白 2 扳后，黑棋无法活棋。黑 3 挡，白4 点是妙手，黑 5 补棋看似可以活棋，但白 6 时，黑 A 不入子是黑棋的悲剧。

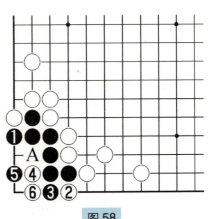

图 58

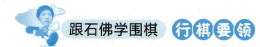

图 59　无为的努力

其后黑7提子，白8继续破眼，黑9时，白10连接，黑棋所提白◎的位置是假眼，局部看似双活，以后黑棋在 A 和 B 位下棋，结果黑棋是直三，不活。

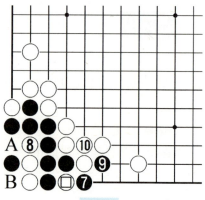

图 59

图 60　错误急所

黑1虎补看似急所，但白2点、4扳后，黑棋无法净活。

其后白6长，黑7扑只能打劫，黑棋由于没有外气，不能在 A 位打吃。

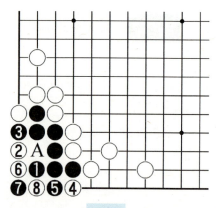

图 60

图 61　急所

黑1是活棋的急所，白2、4缩眼，黑3、5补棋即可。以后白棋在 A 或 B 位点，黑棋都可活棋。

及时发现活棋的急所，十分重要。

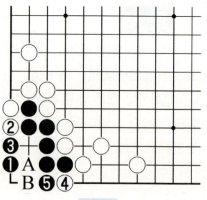

图 61

吃棋的方法

现在我们再分析一下吃棋的方法，在吃对方的棋子时，重要的是换位思考，站在对方的立场上考虑如何活棋即可发现吃棋的方法。

吃棋的方法与活棋的方法相反，主要有缩眼和点。

图 62　基本死活

本图是基本的死活棋形，问题比较简单，黑棋应如何下才能吃白棋？

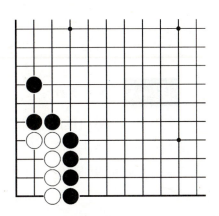

图 62

图 63　先缩眼后点

黑1缩眼后，黑3点是连贯动作，白棋下成了刀五的棋形，以后白棋不可能同时占有 A 和 B 位，结果死棋。类似的棋形中，压缩对方的生存空间是吃棋的第一方法。

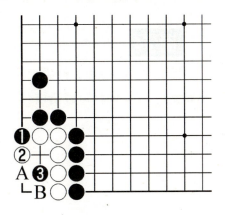

图 63

图 64　点的方法

现在我们再来分析一下其他吃棋的方法。本图在实战中经常出现，请问黑棋吃白棋的方法是什么？

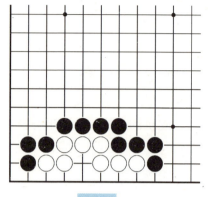

图 64

图 65　黑棋失败

黑 1 扳，压缩白棋的空间是错误的下法，白 2 占急所，以后黑 3 与白 4 可以见合，白棋活棋。

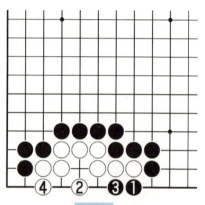

图 65

图 66　大同小异

黑 1 在另一侧扳，结果大同小异，白 2、4 同样可以活棋。

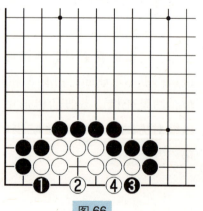

图 66

图 67　必杀之着

黑 1 点是严厉的急所，白棋不活。其后白 2 扩眼抵抗，黑 3、5 破眼即可。类似做眼的急所必须快速发现，图中黑棋的下法称为"先破眼后紧气"。

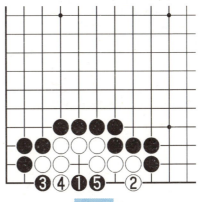

图 67

图 68　常见棋形

本图是常见的棋形，多少有点难，黑棋应如何下才能吃白棋？

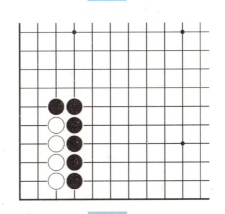

图 68

图 69　压缩空间

黑棋不给白棋充分的做眼空间是当前的第一要务，不过这还不够，在吃对方棋子时，还要考虑到对方的反抗。

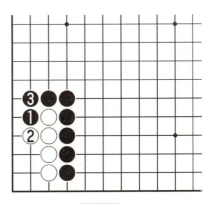

图 69

图 70　先扳后点

白4扩眼，结果又会如何？此时黑5扳后，黑7点是正确的次序，白棋只能下成刀五的棋形，不活。

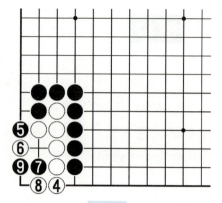

图 70

图 71　白棋不活

白4在另一侧下立，黑5扳后，黑7点同样是好次序，白棋下成了另一种刀五的棋形，仍然不活。

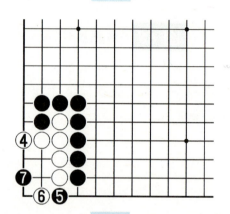

图 71

图 72　两处急所

白4虎虽是做眼的急所，但黑5点同样是急所，其后黑7扳，白棋无法做出两眼活棋。

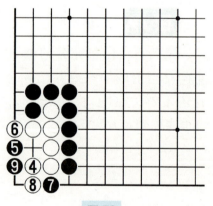

图 72

双活 1

双方互围的棋子均无两个眼，形成彼此不能制杀对方的局面，双方都算活棋，这是一种特殊的活棋形式。由于韩国采用的是点目法，这类活棋双方均被认为无目。

图 73	双活的代表型

本图中的双活是代表型，大家一定要牢记。请问图中黑棋如何下才能活棋？

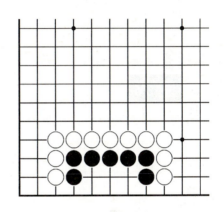

图 73

图 74	黑棋死棋

黑1扩眼不成立，白2扳后，白4点，黑棋下成了刀五的棋形，不活。

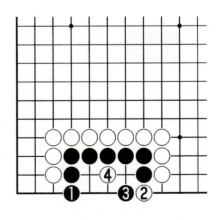

图 74

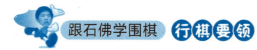

图 75   黑棋失败

"左右同形适其中"是围棋格言，意思是出现对称棋形时，中间必是急所。黑1占急所，过于教条，白2以下进行后，黑棋死棋。

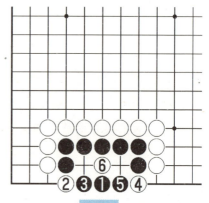

图 75

图 76   双虎

黑1双虎是急所，在类似的棋形中，双虎的位置一般都是急所。白2点，后续进行见下图。

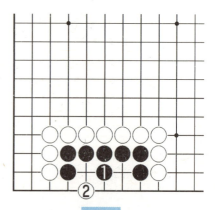

图 76

图 77   双活

其后黑3下立，白4继续点，黑5挡，白6连接后，双方下成双活。

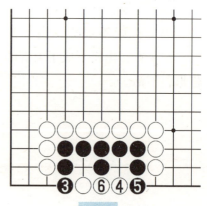

图 77

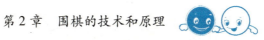

图 **78**　双活的棋形

本图是图 77 的结果，此时 A 和 B 位黑白双方都不能下棋，结果是双活。如果黑棋下在 A 或 B 位，黑棋就下成了直三的棋形，不能活棋。白棋如果下在 A 和 B 位，黑棋提子后，黑棋是曲四的棋形，可以活棋。

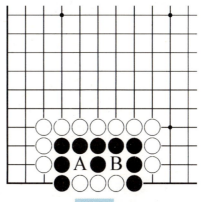

图 78

图 **79**　自杀行为

黑棋如果不知图 78 的双活棋形，而于黑 1 紧气无疑是自杀行为。白 2 紧外气，黑 3 提子后，白棋再于△位点，黑棋结果死棋。

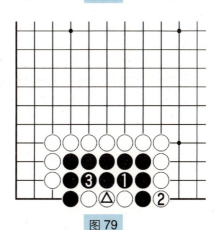

图 79

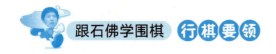
打劫活

被围的棋子虽然不能做出两个独立的眼，但是可以通过打劫的手段将假眼变成真眼，从而活棋的方法称为"打劫活"。

由于打劫的变数较多，如何利用打劫甚至于可以影响到棋局的成败。

图 80 因小失大

本图是让子棋中经常出现的棋形，黑棋由于担心一个棋子的死活，于黑1连接，结果导致全部死棋。白2、4扳接后，黑棋已无法活棋。后续进行见下图。

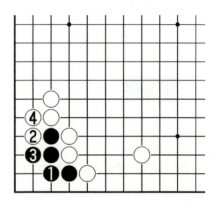

图 80

图 81 黑棋的设想

其后黑5做眼，但这仅是黑棋的单方设想，白6、8先点后扳，黑棋不活。其中黑5如果下在8位，白棋在5位点，黑棋同样不活。

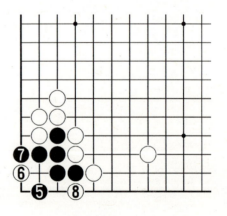

图 81

图 82　点的急所

黑 1、3 扳接，黑棋扩眼，结果又会如何？白 4 点依然是急所。

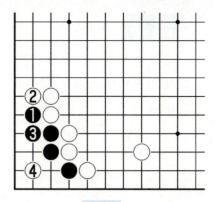

图 82

图 83　后续进行

其后黑 5 连接，白 6 扳，黑棋没有做眼的空间，黑 7、9 时，白 8、10 应即可。其中黑 9 如果下在 10 位最大限度地扩眼，白棋下在 9 位后，黑棋是刀五的棋形，不能活棋。

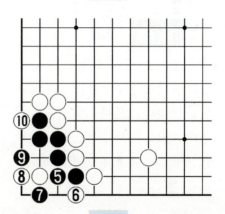

图 83

图 84　打劫活

黑 1 虎，白 2 打吃时，黑 3 做劫是最佳的进行，白 4 提劫，黑棋找劫材，白棋应劫时，黑棋可在△位反提。需要通过打劫决定的死活，可以说是"半活"。

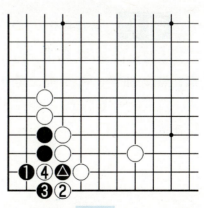

图 84

图 85   黑棋消劫

黑⚫反提后，白棋找劫材，黑棋如果不应劫，可于▣位消劫，此时黑棋不仅可以活棋，而且还具备了与白棋搏杀的能力。

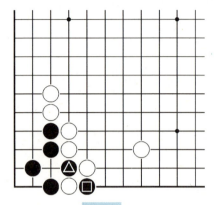

图 85

图 86   黑棋净活

黑1提子时，白棋如果屈服，于白2连接，黑3、5扳接后，黑棋可以活棋。其后白6提子时，黑7连接即可。以后白棋在A位点，不影响黑棋的死活。

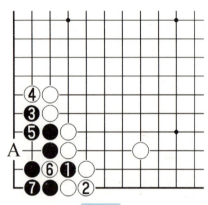

图 86

图 87   后续变化

本图是图86的结果，白1点，黑2补棋，白3扳，黑4应，白棋由于接不归，不能在A位连接。

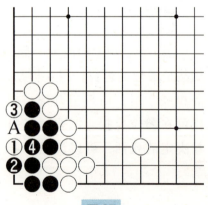

图 87

盘角曲四

曲四是活棋的形态，但由于角的特殊性，角上的曲四却是死棋，这类棋形称为"盘角曲四"。

图 88　盘角曲四基本型

本图是盘角曲四的基本型，有无白△均可。黑棋如果下在 A 或 B 位，黑棋是曲三的棋形，不能活棋。白棋如果下在 A 或 B 位，黑棋提子后，黑棋可以打劫。

双方会不会下成双活？回答是否定的，白棋可以吃黑棋。

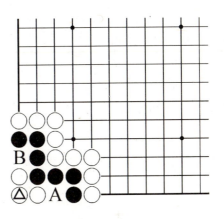

图 88

图 89　白棋可入子

白1入子，黑2提子，后续进行见下图。

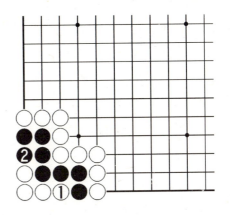

图 89

图 90　结论

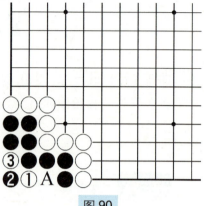

图 90

本图是黑棋提白棋四子后的棋形，黑棋是典型的盘角曲四的棋形。白 1 点，黑棋要做出两个眼，必须于黑 2 扑，白 3 提子后，黑棋由于在 A 位不入子，只有寻找劫材，才能在 2 位反提，这不正是我们所说的打劫吗？

　　回答是否定的，这一棋形不是打劫活，黑棋仍然是死棋。原因是什么呢？我们再回到图 88，黑棋由于不能在 A 或 B 位下棋，所以本身不能活棋，白棋在 A 或 B 位下棋后，下成了图 89、图 90 打劫的棋形，这可以说是白棋的权利，因此围棋规则中将此认定为死棋。

图 91　实战中盘角曲四

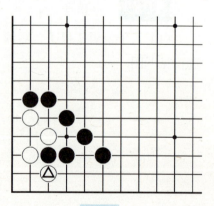

图 91

本图是实战中盘角曲四出现的过程，白△扳，试图活棋，黑棋应如何下才能吃住白棋？

图 92　打劫的手段

黑 1 挡，缺少策略，白棋虽然本身不能活棋，但白 2、4 可以做劫，其后黑棋若在 A 位退缩，白 B 连接后，白棋活棋。

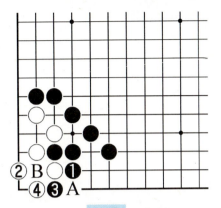

图 92

图 93　先点后扳

"敌之急所，我之急所"，是围棋格言。黑 1 点是必杀急所，白 2 只好连接，黑 3、5 扳接是后续手段。其后白 8 最大限度扩眼，黑 9 扳。后续进行见下图。

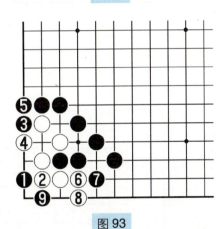

图 93

图 94　盘角曲四

本图是图 93 的结果，与图 89 的盘角曲四基本相似。由于白棋不能下在 A 和 B 位，白棋本身已不可能活棋。黑 C 连接后，黑棋可在 A 或 B 位吃白棋。

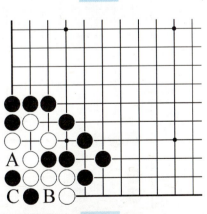

图 94

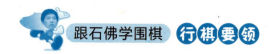

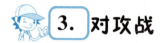

3. 对攻战

围棋与数学有很密切的关联，尤其在对攻战中表现得更为明显。

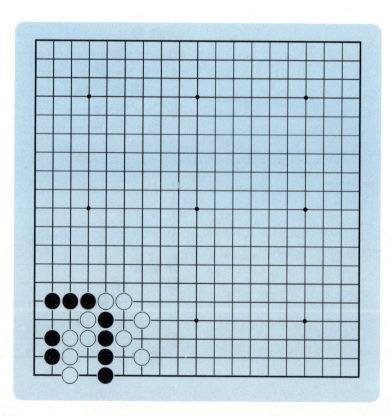

对攻战的基础

对攻战的要领主要表现为五个方面：1. 数清双方的气；2. 先紧外气；3. 抢占急所；4. 关注公气；5. 做眼。现在我们先学习对攻战的基础知识。

图 1　气数相同：先下为胜

图中黑白双方展开了对杀，首先要数双方的气。白棋在 x 位有 3 口气，黑棋在 y 位也有 3 口气，双方在 z 位有 1 口公气。

对杀的结果如何呢？应该是先下的一方取胜。请见以下分析。

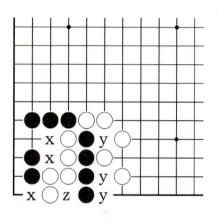

图1

图 2　先紧外气

黑棋如果先下，黑1先紧外气，下至黑7，黑棋在对杀中快一气。

白棋如果先下，白棋同样先紧外气，最后白棋在对杀中快一气。由于只有1口公气，对攻杀不会产生影响。

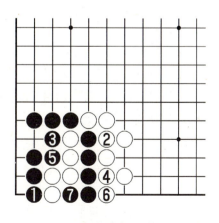

图2

图 3　自杀行为

黑1先紧公气，结果又会如何？以下进行至白6，黑棋反而被吃。黑1这样的下法称为撞气，等于自杀。

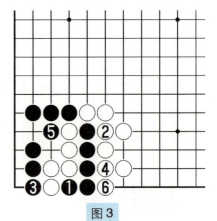

图3

图 4　不参加紧气的急所

在对攻战中也有不参加紧气却是急所的情况。图中黑白双方在 x 位各有 1 口气，在 z 位有 2 口公气，但 A 位却是双方不用紧气的急所。

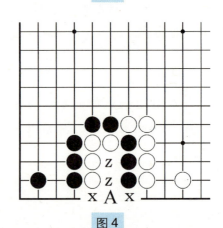

图4

图 5　黑棋惨遭逆转

黑1扳紧白棋的气，白2打吃，黑3必须连接，白4渡过后，白棋反而在对攻中取胜，黑棋惨遭逆转。黑棋在 A 位不入子，而白棋却可下在 A 位。

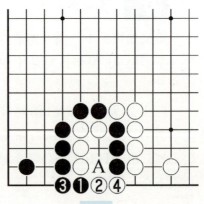

图5

图 6 双活

黑 1 如果下立，白 2 同样下立后，双方下成双活。以后黑 3、白 4 紧外气后，双方有公气 3 口，只能是双活。

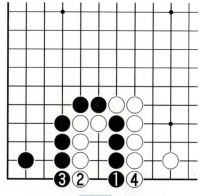

图 6

图 7 一路尖的急所

黑 1 在一路尖是急所，虽然与紧气无关，但在对攻战中却可发挥十分重要的作用。

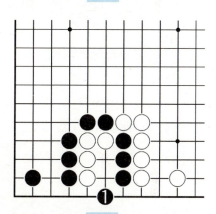

图 7

图 8 急所的威力

其后白 2 切断，黑 3 紧外气后，黑 5 紧公气，黑棋在对杀中快一气。以后白 A 时，黑 B 可以提子，这是因为黑△急所发挥了重要的作用。

白棋如果先下，白棋下在△位也是急所。

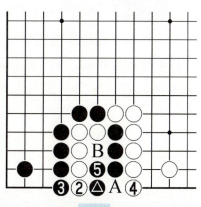

图 8

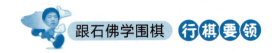
对攻战的口诀

"3-3, 4-5, 5-8, 6-12"这一组数字不是什么暗号, 而是眼位所对应的气数, 也就是说三个眼位有 3 口气, 四个眼位有 5 口气, 五个眼位有 8 口气, 六个眼位则有 12 口气。

图 9 三个眼位的情况

一个眼位 1 口气, 两个眼位 2 口气, 这是十分简单的道理, 但三个眼位的情况如何呢?

图中白棋要吃黑棋, 必须在 y 位紧黑棋的 3 口气, 黑白双方到底谁能取胜? 黑棋现在先下。

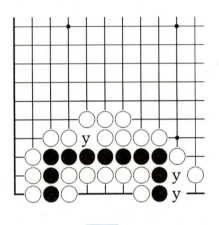

图9

图 10 三个眼位 3 口气

白棋如果能做出两眼活棋, 黑棋自然就是死棋。所以黑 1 点是当然的进行, 白 2 紧气, 黑 3、5 进行后, 黑棋快一气。由此可见三个眼位即 3 口气。

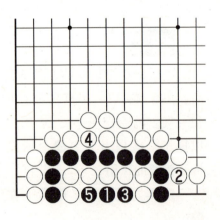

图10

图 11　四个眼位的情况

四个眼位会有多少气呢？图中黑白双方是对杀的局面，白棋是方四的棋形，黑棋在 y 位也有 4 口气。

假定现在黑棋先下。

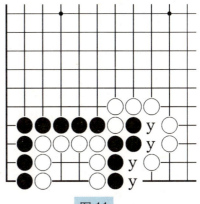

图 11

图 12　提子可长气

黑 1、3 紧气后，黑 5 时，白 6 可以提子，现在新问题出现了，白棋提黑棋三子后，白棋形成弯三的棋形有 3 口气，而现在黑棋只有 2 口气，白棋快一气。

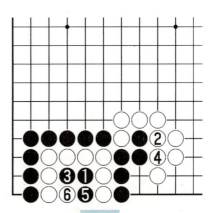

图 12

图 13　四个眼位 5 口气

前图白棋提掉三子后，黑 7 点，继续紧白棋的气，而黑棋只有 2 口气，白棋反而在对攻战中取胜。从中可以发现眼位的数量与气的数量并不相等。

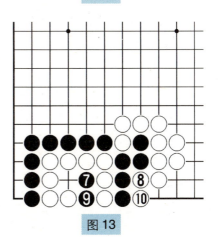

图 13

图 14 五个眼位的情况

我们再来分析一下五个眼位的情况，图中角上白棋是刀五的棋形，白棋有五个眼位；黑棋在 y 位有 6 口气，加上 A 位的 1 口气，共有 7 口气。

对攻战中看似黑棋处于有利的地位，实际情况如何呢？现在黑棋先下。

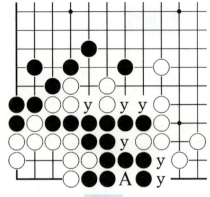

图 14

图 15 对杀分析

由于黑棋不能让白棋活棋，黑 1 点是当然的进行，其后双方按次序紧气，下至黑 7，白 8 必须提子。白棋提子后有四个眼位，此时的黑棋有 4 口气。根据前面的分析，白棋四个眼位有 5 口气。

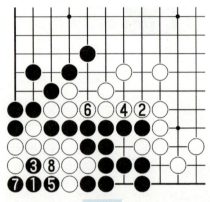

图 15

图 16 白棋取胜

由于白棋四个眼位有 5 口气，导致对攻战的情况发生逆转。其后黑 9 点，下至白 14 提，白棋在对攻战中取胜。

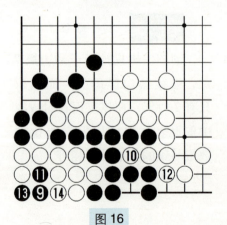

图 16

图 17　大眼位与小眼位

对图 16 的结果进行确认后，白棋有 3 口气，黑棋只有 2 口气，白棋快一气，白棋取胜。当初黑棋看似有利，其实不然，这就是大眼位与小眼位的差别。

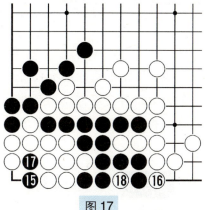

图 17

在实战中面对类似棋形时，一定要数清双方的气，稍有不慎，就可能导致作战的失利。正因为如此，出现了各类棋形气数的口诀，即："3－3，4－5，5－8，6－12"（此处的六个眼位的棋形是指花聚六）。对这些口诀的掌握，可以为我们在实战中节省很多时间，提供很多方便。

让我们记住这一口诀吧！

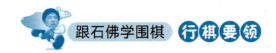

双活2

关于双活的概念前面已经讲述了，即在对攻战中双方有2口以上的公气，并且双方均可活棋的棋形称为双活。本节通过列举各类双活的棋形可进一步加深大家对双活的认识。

图 18 外气的差别

图中黑白双方在 z 位有公气2口，黑棋在 y 位有外气3口，白棋在 x 位有外气1口，双方对攻战的结果如何呢？

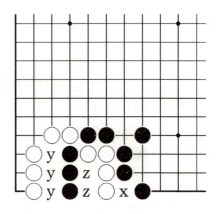

图18

图 19 解除双活

黑1紧气，下至黑5，黑棋可以先提白子。本图中黑白双方虽然有2口公气，但由于外气的差距在2口以上，黑棋可以解除双活，外气多的一方当然取胜。

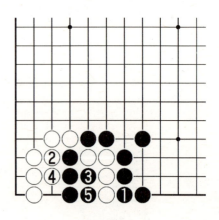

图19

图 20　公气较多的情况

图中双方不仅外气的差距大于 2 口以上，而且 z 位的公气也有 4 口之多，此时会发生什么变化呢？

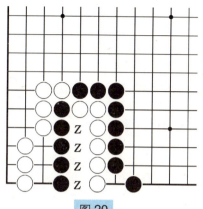

图 20

图 21　仍是双活

黑 1 开始紧白棋的气，下至白 6，最后只剩 z 位 2 口公气，此时又还原成双活。因此双方公气较多时（外气的差距大于 2 口以上），双方仍是双活。

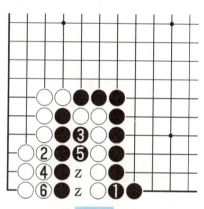

图 21

图 22　双活的解除

黑⬛与白⬜有 z 位 2 口公气，看似双活，但因黑△两子被白棋吃住，双活可以解除。

黑△如果不活，黑⬛自然不活。

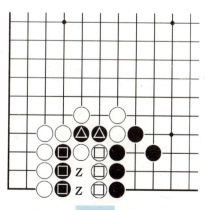

图 22

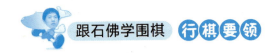

有眼杀无眼

在对攻战中，一方有眼、另一方无眼的情况下，如果外气彼此接近，有眼的一方往往处于有利的地位。眼在对攻战中的价值如何？请见以下分析。

图 23　眼的价值

A 图和 B 图中除白△和黑▲外，黑棋看似都只有 2 口气，但 B 图中黑有 a 位一个眼。请见后续分析。

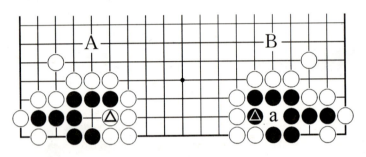

图 23

图 24　眼位可以长气

白棋紧黑棋的气，A 图中黑棋只有 2 口气，白1可以从外侧紧气，然后吃掉黑棋。B 图中由于白棋 a 位不入子，白棋只能从1、3、5收气，然后吃掉黑棋。因此黑棋是 4 口气，由此可见眼位可以长气。

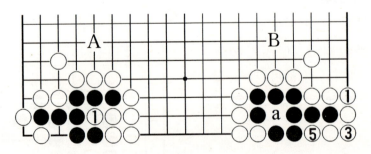

图 24

图 25　有眼杀无眼基本型

图中黑棋在 A 位有一眼，因而可以取得对攻战的胜利。白棋由于 A 位不入子，要想吃黑棋，必须从 B 位紧气，但黑棋可直接在 C 位提子。黑棋要吃白棋，则可从 D 位紧气。

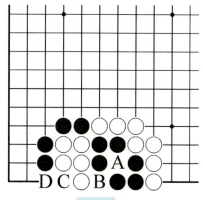

图 25

图 26　有眼杀无眼制造法

黑棋如果先下，通过观察后，可以找到必杀白棋之路。请问黑棋应如何下？

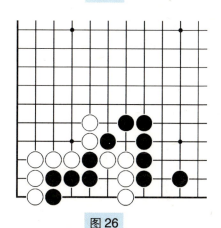

图 26

图 27　双活

黑 1 紧气，白 2 是好手，黑 3 再紧气，白 4 连接，z 位成为双方的公气，结果双活，黑棋十分委屈。

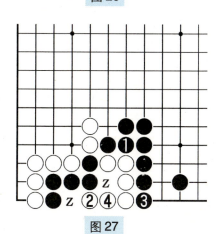

图 27

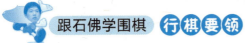

图 28 错误下法

黑 1 试图下成有眼杀无眼，但过于轻率，白 2、4 可以直接打吃。黑棋为了下成有眼杀无眼的棋形，自己撞气，结果导致被吃。

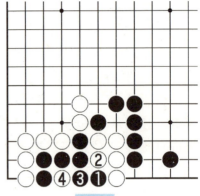

图 28

图 29 先做一眼

黑 1 先做一眼是正确的下法，黑棋下成了典型的有眼杀无眼的棋形。

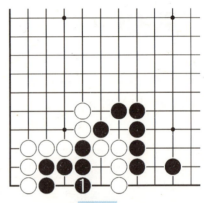

图 29

图 30 禁入点

其后白 2 如果紧气，黑 3 同样可以紧气，由于 A 位是禁入点，白棋 B 位不入子，而黑棋 C 位紧气可以成立，黑棋可杀白棋。

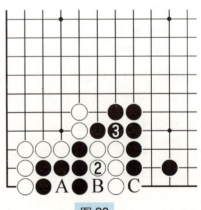

图 30

图 31　解除 1

什么样的棋形是有眼杀无眼，这一点需要准确的判断。图中黑棋在 A 位有一眼，而白棋却无眼，现在是白棋先下，请见以下分析。

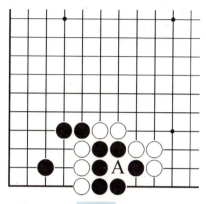

图 31

图 32　没有公气

白 1 开始紧气，下至黑 4，白 5 可以提黑棋。图中黑棋虽然有眼，但由于没有公气，因而黑棋不能有眼杀无眼。

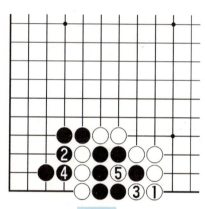

图 32

图 33　解除 2

本图中也是假定的有眼杀无眼的棋形，图中黑棋在 A 位虽然有一眼，z 位也有 2 口公气，但黑棋却不能做到有眼杀无眼。请见以下分析。

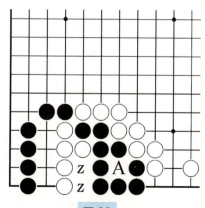

图 33

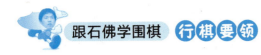

图 34 外气差距过大

白1至白7是紧黑棋气的唯一进行，结果是白棋快一气。从中可见双方的外气差距有3口，一旦外气的差距过大，有眼杀无眼则不成立。

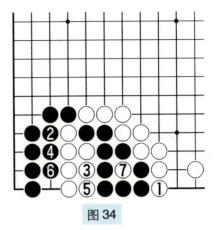

图 34

结论是有眼杀无眼成立的条件有两点：1. 双方必须要有公气；2. 外气的差距不能太大。

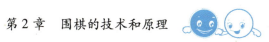

4. 打劫

打劫是围棋中最具传奇色彩的环节，通过打劫，本来已是死棋的棋却可起死回生，本来可活棋的棋却又遭遇不测。

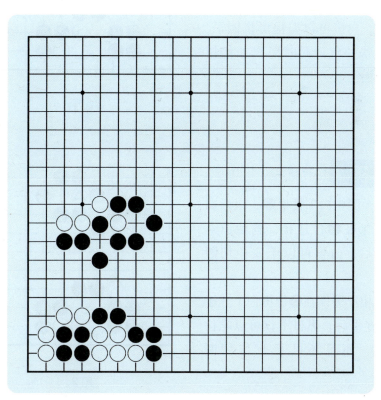

打劫的要领

面对打劫，各自使用劫材，然后反提对方棋子的过程就是劫争。劫争最基本的条件是要有劫材，即自己在其他地方下一手棋后，对方必须应，这样才有可能再提劫。

图1 逆转局面的机会

A 图是双方打劫的棋形。

B 图是黑白双方对攻战的棋形，黑棋即使先下，作战也不利。即黑 a、白 b、黑 c、白 d 进行后，白棋可以先提黑棋四子，白棋快一气。此时黑棋如何扭转局面？

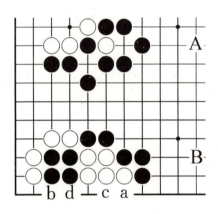

图1

图2 打劫

A 图中白 1 提黑△，以后白棋如果在△位连接，救活白△一子后，白棋可以于 a 位切断黑棋。

相反黑棋在△位提白 1 并于 1 位连接后，黑棋不仅可以吃住白△，而且还可于 b 位切断白棋。

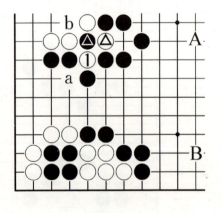

图2

图 3　使用劫材

其后黑 2 在 B 图中紧白棋的气，黑棋使用劫材，白 3 必须应，黑 4 则可在 A 图中提劫。现在白棋必须寻找劫材，如果没有劫材，黑棋则可取得打劫的胜利。

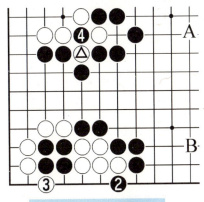

图 3　⑤脱先　⑥ = △

图 4　白棋不应劫

白棋如果必须赢劫，黑 2 紧气时，白棋只能于白 3 连接，白棋消劫。其后黑 4 继续紧气，黑棋在 B 图的对攻战中获得利益。

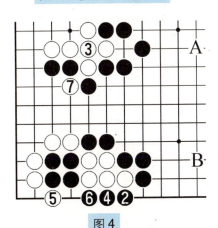

图 4

类似只差一口气就能取胜的对攻战，是其他地方发生打劫时十分重要的劫材，因此不要随便就将棋下掉。

B 图中黑棋本已被吃的棋子通过打劫不仅可以活棋，还吃掉了对方的一块棋，这一正一反，出入十分大。当然白棋取得打劫的胜利后，得到了白 7 断的权利也不吃亏。

对劫争的选择，要看哪一方有利，这需要很好的判断能力，判断是否正确可以影响到整个棋局的成败。

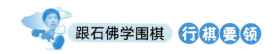

打劫的种类

打劫同样分很多种类和大小，有的打劫只有 1 目，有的打劫却是决定全局胜负的天地大劫。

打劫的价值能有多大需要先进行判断，同时还要考虑到劫材的大小。

图 5 各种各样的打劫

A 图中白棋 a 位提子再连接后，白棋的收益为 1 目，白棋连续下两手棋得到 1 目的收益，因此可以将此劫称为"半劫"，是价值最小的打劫，只有在官子的最后阶段才会实施。

B 图中本身就有 6 目，加上以后的附加收益，其价值达 10 目以上，是具有战略价值的打劫。

C 图中打劫价值有多大呢？本处的打劫由于可以左右棋局的胜负，是典型的天地大劫。

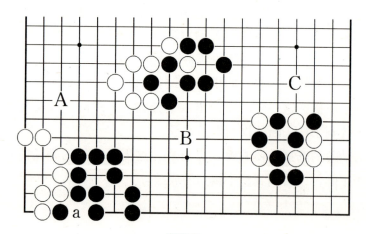

图 5

图 6　黑棋赢劫的情况

图 5 中的黑棋如果赢劫，结果如下：

A 图中黑棋提子后，黑▲连接，黑棋由于有 1 个提子，因而有 1 目的收益。

B 图中黑▲连接消劫，可吃住白⬡，其后还有 a 位切断的手段。

C 图中黑▲提子后，可以消劫，其后续威力十分巨大。由于黑棋中间开花，不仅可以掌控周边，而且还可威胁到角上的白棋，其战略价值在 50 目以上。

如果用武器来形容打劫的影响，A 图则是手枪，B 图是手榴弹，C 图则是原子弹。尤其是 C 图中的打劫，不仅本身威力巨大，而且还可影响到全局，因此面对这类天地大劫时，一定要想方设法取得打劫的胜利，"天地大劫，万劫不应"的格言正由此而来。

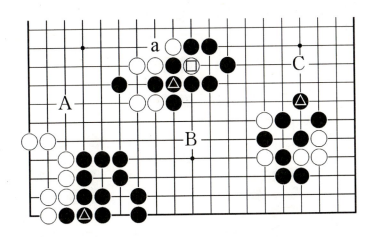

图 6

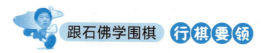

图 7　白棋赢劫的情况

本图是白棋赢劫的假想图，请大家与图 6 进行比较。

A 图中白棋赢劫的结果与黑棋赢劫的结果一样。

B 图中白△连接后，白棋不仅救回了白▣，而且还吃住了黑▣，a 位的断点也自然消除。

C 图中白△提子后，白▣消劫，黑棋的棋形惨不忍睹，右下一带已完全被白棋掌控，角上黑棋还需求活。

在中腹提一子，具有如此巨大的威力，因而有"中间开花 30目"的说法。

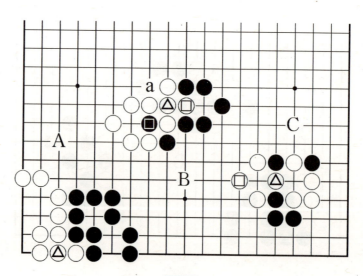

图7

劫材的使用方法

打劫的关键是劫材问题，劫材使用如何，可以决定打劫的成败，损益区别当然很大。

图 8　黑棋大龙的死活

A 图中黑棋的大龙能否活棋，取决于打劫的结果如何，黑棋目前只有 a 位一个眼，b 位还不是一个完整的眼，只有在黑 1 提子，并在△位连接后才成为真正的眼。

白 2 在 B 图中冲时，黑棋在△位连接，黑棋成功消劫，白棋在 c 位冲后，可以吃住黑■两子。

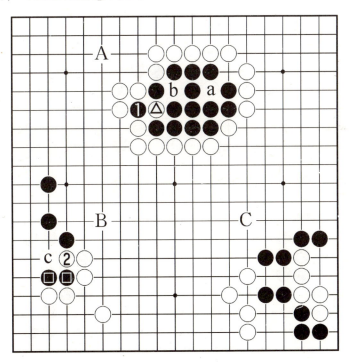

图 8

图9 黑棋的本身劫材

黑棋如果不愿牺牲两子，于黑3应时，白4可以提劫。现在轮到黑棋使用劫材，于是黑5打吃，也就是说黑棋在对自己劫材有信心的基础上，可于黑3补棋。

白棋此时如果不应，黑棋在a位提子后，黑棋大龙可以向中腹逃跑，这种在打劫棋形内部产生的劫材称为"本身劫材"。要想赢得打劫的胜利，当然是劫材越多越好。

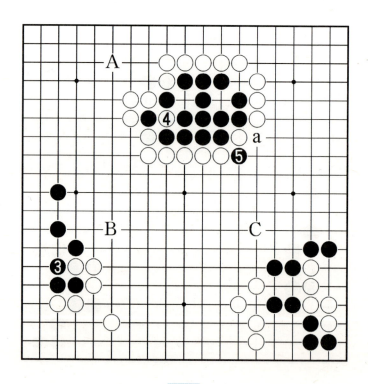

图9

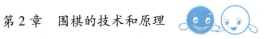

图 10   更大的劫材

黑 5 打吃时,白 6 必须连接,黑 7 提劫,现在轮到白棋使用劫材,白 8 冲是绝好的劫材。

白 a 如果联络,已经死棋的白◎则可起死回生,此处的劫材很大。

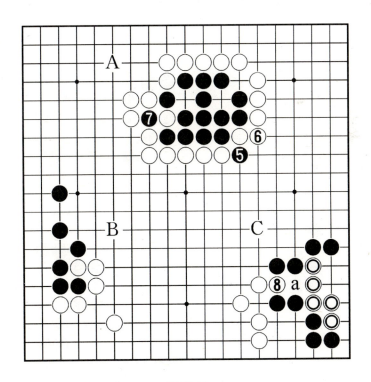

图 10

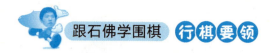

图 11 切断黑棋

白8冲时，黑棋考虑到再无好的劫材，于是黑9连接消劫，白棋抓住机会于白10联络，至此白◎得以复活，黑●反而变成死棋。

白棋不仅切断了黑棋，还将本已死棋的白棋救活，这就是打劫的产物，这一变化真可谓沧海变桑田。

黑棋是以牺牲右下角的巨大代价，取得了中腹大龙的活棋。黑棋还有比这个更好的下法吗？

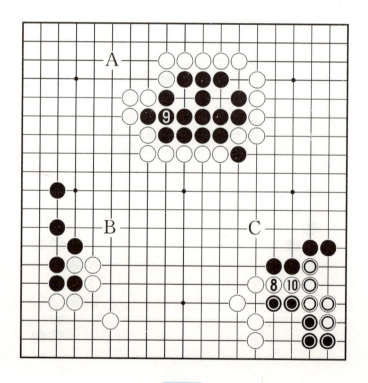

图 11

图 12　黑棋的最佳方法

现在回到图 8 中白 2 在左下角使用劫材时，黑棋可以不应而将损失减少到最低，于是黑 3 连接消劫，白 4 断吃黑■两子。这个变化要比白棋在 a、b 位连续下子切断黑棋，将黑●和白◎的死活互换好很多。

从以上分析可以发现，打劫时劫材的多少和大小可以决定棋局的成败。

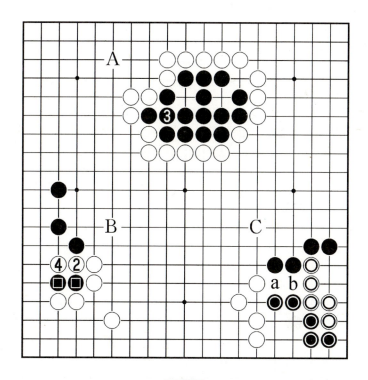

图 12

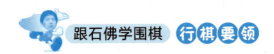

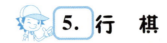

5. 行　棋

由于围棋是由黑白双方每方轮流下一手棋的运动，对局时棋子的效率高低直接决定以后地的大小和作战主动权的掌控问题。所以说如果行棋效率低，围棋肯定下不好。

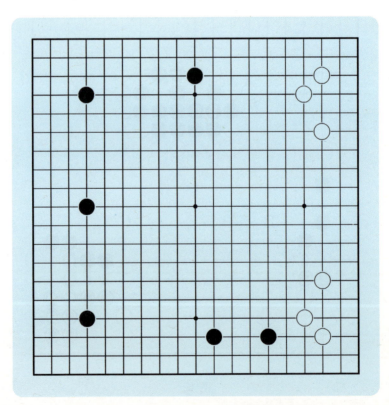

好手与坏手

围棋除禁入点以外，棋盘上的任何位置都可以落子，但是行棋的好坏，却反映了双方实力的差距。

图 **1**　行棋效率高与低

A 图中的黑 1、3 走得很坚实，B 图中的白 2、4 则显得十分轻快。A 图中的黑棋行棋效率明显不如 B 图中的白棋高。

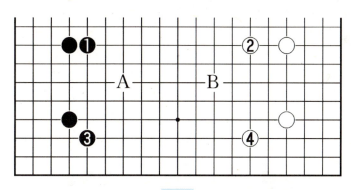

图1

图 **2**　好形与坏形

A 图中的黑棋显得十分拥挤，棋形很坏。B 图中的白棋则很活跃，棋形很好。双方投入的棋子数量虽然一样，但由于行棋的方法不同，双方的差距很大。

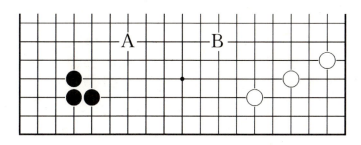

图2

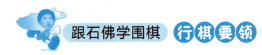
图 3 愚形

愚形是典型的坏棋形，效率很低，下图中是几类典型的愚形。

A 图中的黑棋是空三角的愚形，B 图中是丁四的愚形，C 图中是死活棋中常见的刀五愚形，D 图中 7 个棋子挤在一起，是葡萄七的愚形。

以上棋形中，黑棋的棋子挤在一起，相互没有一点协同，显得笨拙。而周边的白棋虽然投入了同样数量的棋子，但却是高效的好形，对愚形的黑棋形成了压迫之势。

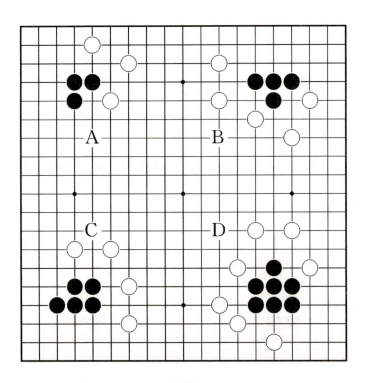

图3

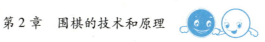

行棋的类型

现在对实战中常见的行棋类型，比如跳、小飞、大飞、象步等基础行棋知识逐一进行分析讲解。

图 4 　基础行棋——围棋生手

A 图中的黑 1 长，紧挨着另一个棋子走子是最基础、最原始的行棋。这种下法没有被断的担心，十分坚实，但效率不高，一般不单独使用，但在接触战中常用。

B 图中黑 1 侧向运动的下法称为"尖"，主要用于棋子的联络或向中腹出头时使用，与 A 图一样，联络方面十分有利，但效率也不高。

A 图和 B 图的行棋下法经常出现在低手对局中，因此称为"围棋生手"的行棋。

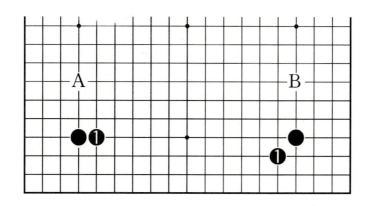

图4

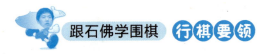
图 5 跳跃性行棋

A 图和 B 图中的黑 1 是一间跳和二间跳的下法，在联络和效率方面都很好，围地和作战时常用。

C 图中黑 1 的下法称为"小飞"，是围棋中最优美、效率很高的下法，尤其是在攻击对方时十分有用。

D 图中黑 1 的下法称为"大飞"，虽不如小飞坚实，但在围地方面效率很高。

E 图中黑 1 的下法称为"象步"，a 位被穿象眼是其致命的弱点，不常使用。

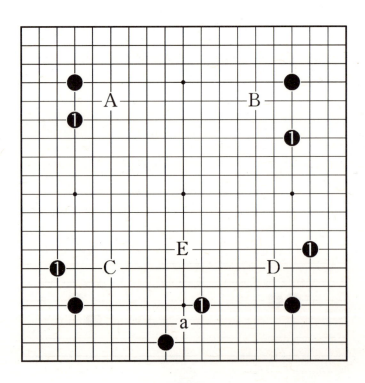

图 5

行棋的原理

①靠必扳

图 6 靠

A、B 两图中的白△紧贴对方棋子的下法称为"靠"。靠有很强烈地压迫对方的意图，要求对方应对的意味。

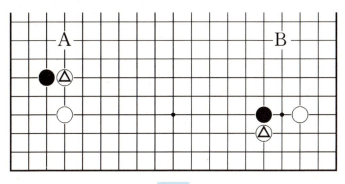

图 6

图 7 对方如果脱先

前图白棋靠时，A、B 两图的黑 1 是一手闲棋，白 2 应后，白棋可以压制黑△。黑棋正确的应对是什么呢？

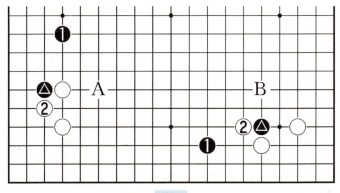

图 7

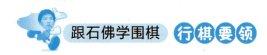

图 8　有力的应对

对方靠时，扳是有力的应对。A、B 两图中黑 1 扳，反而对白△形成了压制。

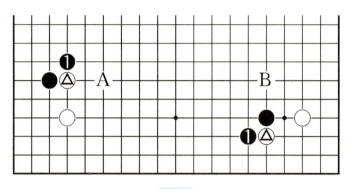

图 8

图 9　错误的应对

黑 1 虽然也是扳，但方向存在错误。A 图中的扳也可称为"挖"，由于让白棋抢占了主动权，黑棋一般不会选择这一下法。B 图中的扳也是错误的下法，白 2 可以切断黑棋。

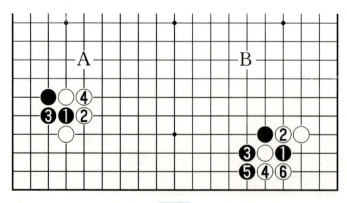

图 9

②扳必长

图 **10**　脱先的结果

A、B 两图中，白△靠时，黑△扳，此时白棋如何应？如果白 1 脱先他投，黑 2 可以打吃，白△以后即使能活棋，也失去了主动权。

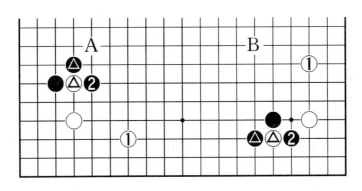

图 10

图 **11**　不让对方打吃

A、B 两图中，由于对方扳，对自己形成了压迫，白棋必须应，此时白 1 在对方打吃的地方长是本手，以后白棋有 a 位切断的手段。

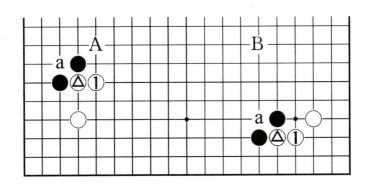

图 11

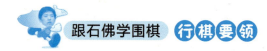
③断必长

图 12　切断

白1靠，黑2扳，白棋不在a位长，而于白3断，此时黑棋应如何补棋？

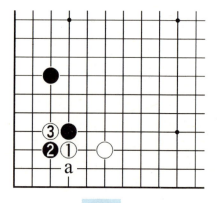

图 12

图 13　不轻易打吃

白△切断是迷惑黑棋的下法，此时黑棋如果打吃是俗手，假如黑4、6打吃，其后黑棋由于存在弱点，必须于黑8补棋，白9则可关吃黑△，白棋的收获十分巨大。

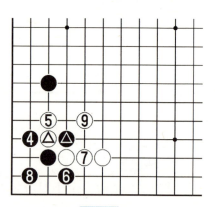

图 13

图 14　稳健的长

对方切断时，长是本手。黑4如果长，以下进行至白9，白棋整形，黑棋则可吃掉白△。

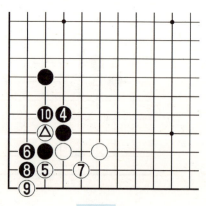

图 14

④ 长必挡

| 图 15 | 围地的绝对手

A 图和 B 图中的白△，试图对角上的黑棋动手，黑 1 必须挡，在防守角上实地的同时，瞄着白棋的弱点。此时的黑棋不是动作迟缓，而是在构筑防护网。

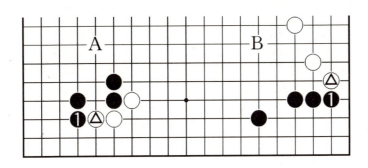

图 15

| 图 16 | 门户洞开

白△对黑棋动手时，黑 1 如果置之不理，白 2 则可趁机进入。类似此处一手棋就可完成防守的位置，必须确保万无一失。

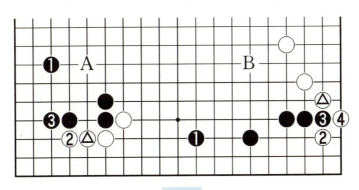

图 16

⑤刺必接

图 17 联络十分重要

A 图中白△刺，试图切断黑棋的联络，黑 1 必须连接，白 2 再刺，黑 3 再连接，黑棋在确保自己联络后，可以瞄着白棋 a 位的弱点，伺机进行反击。B 图中白△刺，黑 1 连接，以后黑 b 可反击白棋。

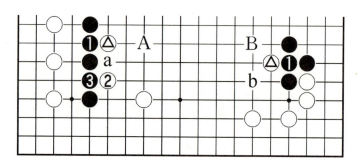

图 17

图 18 天崩地裂

对白△的刺，A 图中的黑棋如果置之不理，而于黑 1 跳，白 2 可以冲，黑棋被拦腰切断。B 图中的黑 1 如果在边上补棋，则白 2 切断，而且以后还有白 a 切断的弱点。

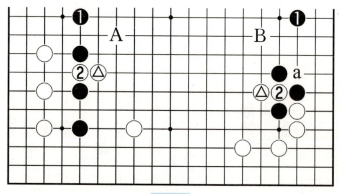

图 18

⑥不要下成空三角愚形

图 **19** 对方挡时的处置

白△虎封挡黑棋，黑棋不能在 A 位扳，因为白棋可在 B 位切断，黑棋如何应对？

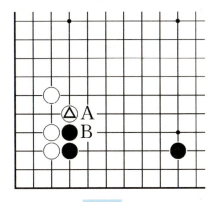

图 19

图 **20** 不及格的下法

黑 1 长是不及格的下法，对作战和围地没有任何帮助，黑棋下成了空三角愚形。

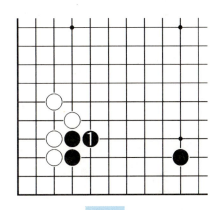

图 20

图 **21** 愚形

黑■下成了效率最低的空三角愚形，白 2 夹攻后，黑棋不仅受攻，而且黑▲还被孤立。

要想下好围棋，千万不要下成空三角愚形，这句话应时常牢记。

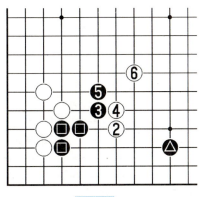

图 21

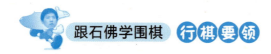

图 22　机敏的下法

黑 1 单跳是十分机敏的下法，下至黑 3，黑棋与黑△形成了很好的配合，在下边围成了实地，这就是好棋形带来的收获。

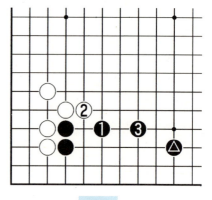

图 22

图 23　空三角与实三角的差别

A 图中的黑■是典型的愚形，因为 a 位是空的，所以称为"空三角"。

B 图中白□是不是也是空三角愚形呢？回答是否定的。B 图中的白□是实三角的棋形（现实中没有这样的用语），白□不仅没有弱点，而且还对黑△形成了压迫，对边和中腹也有很好的发展潜力，是好形。

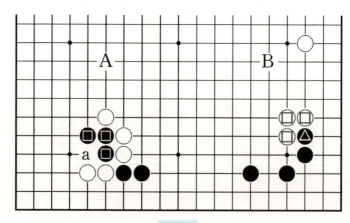

图 23

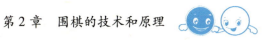

⑦中腹单跳无恶手

图 24　突围作战

黑△孤立地突入白阵中，本身已不可能活棋，逃跑是唯一的出路。黑棋正确的下法是什么？

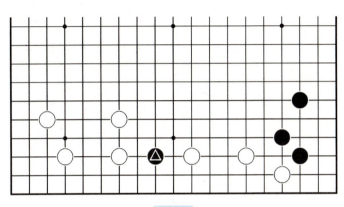

图24

图 25　小步慢行

黑1、3、5一步一个脚印地向前行走，这种下法犹如小脚女人走路，慢条斯理。结果是黑△无法逃脱。

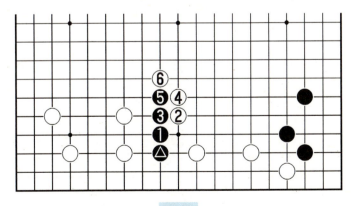

图25

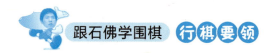

图 26　成功逃跑

黑1向中腹单跳是上策，白2、4时，黑3、5继续向中腹跳。棋子受攻时，向中腹逃跑一般都没有问题。

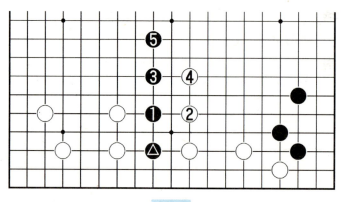

图 26

图 27　围地有利

一间单跳的下法不仅在逃跑时适用，在围地时也十分有利。图中黑1单跳，白2攻时，黑3再跳，不知不觉间黑棋在右下一带围成了大模样。

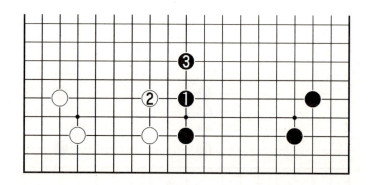

图 27

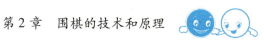

⑧ 攻击用飞

图 28　攻击对方

面对强大的黑棋，白△打入，此时黑棋如何攻击白△?

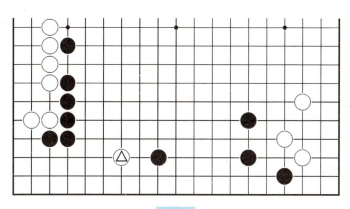

图 28

图 29　成功逃脱

黑 1、3、5 攻击白棋是无谋的表现，白 2、4、6 可以成功逃跑，而原本强大的黑◉变成了浮棋。

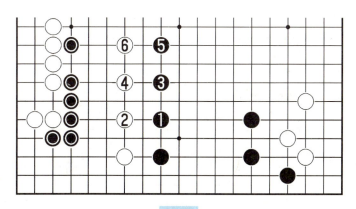

图 29

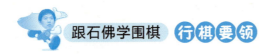

图 30 方法错误

黑1镇后，黑3封锁过于固执，白4、6冲出后，白棋不再受攻。

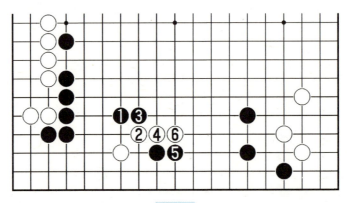

图 30

图 31 成功封锁

黑1飞封是绝妙的攻击手段，白2、4出逃，下至黑5，黑棋成功封锁白棋，以后白棋即使委屈活棋，黑棋也获取了强大的厚势，十分满足。

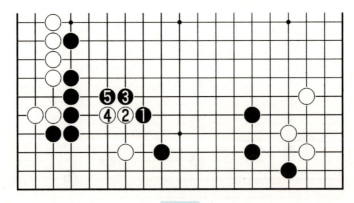

图 31

⑨扳二子头

图 32　抢先一步

图中黑白双方各有两子相互对峙，其后黑如何下才能抢先一步压制对方？

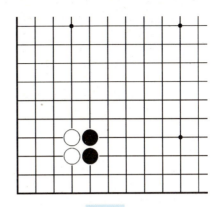

图 32

图 33　缓着

黑 1 长，虽然十分稳健，但动作过缓，是对白△两子没有任何压力的缓着。

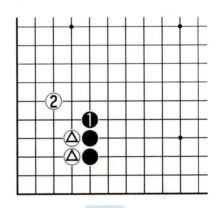

图 33

图 34　扳二子头

黑 1 扳是很有气势的强手，也是本手，这种下法称为"扳二子头"。白 2 应对时，黑 3 连扳更是连贯的好手，十分严厉。

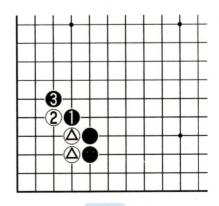

图 34

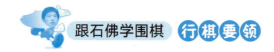
图 35　扳二子头的成果

白4、6进行反击，黑7、9打吃后，黑11吃白△两子，这是黑棋扳二子头的成果。

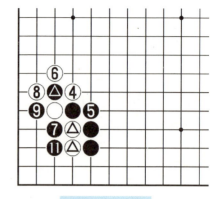

图 35　⑩＝△

图 36　白棋扳二子头

图32中白棋如果先下，白1扳黑△二子头也很舒服，黑2如果反扳，白3连扳十分严厉。黑棋为避免白A的打吃，只好于黑4长，以下进行至白7，白棋像压路机一样，始终压着黑棋，白9补后，白棋十分满足。

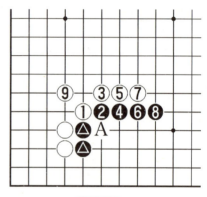

图 36

黑棋棋形萎缩的同时，白棋却显得十分舒展。这一进行是实战中出现的代表性实例。

要想更好地掌握行棋的奥妙，平时多欣赏高手的实战对局，加深行棋体验是简易可行的方法。

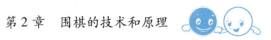

 # 6. 棋子的力量

棋子也有力量大小。棋子如果要有力量，第一必须联络，第二必须抢占急所。

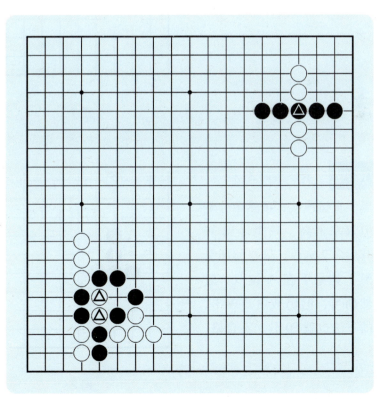

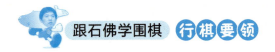

棋子的联络

棋子要想活棋并能发挥力量，最好的方法就是实现联络。因情况不同，联络的方法也不尽相同。

以下对各种联络的方法进行分析。

图 1　联络的方法

如果白棋先下，白 A 冲，黑 B 挡，白 C 可以切断黑棋。黑棋在补棋的同时，还能围地，请问黑棋应如何下才能一举两得？

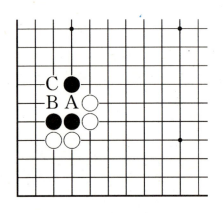

图1

图 2　不合格的连接

黑 1 直接连接，虽然十分坚实，但效率不高，只能得到 30 分。其后白 2 夹攻，黑棋整体受攻。黑 1 如果下在 A 位双，效率虽然尚可，但仍被白 2 攻击，黑棋的下法也就 50 分，不合格。

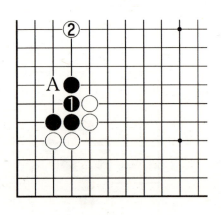

图2

图 3　一举两得

黑 1 飞，在补断点的同时，还可围地，是一举两得的好棋。

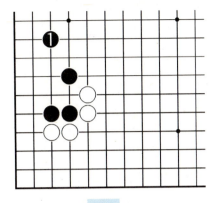

图 3

图 4　征子

其后白 2、4 冲断，黑 5 打吃后，白棋束手就擒，黑 ▲ 具有征子作用。

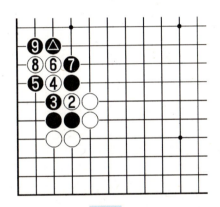

图 4

图 5　逃跑与联络

本图是深入敌阵中的棋子如何逃跑不被对方切断的问题。在白棋强大的厚势面前，黑 ■ 两子显得十分孤立，黑棋如何下才能逃脱？

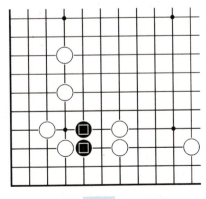

图 5

图 *6* 拦腰切断

黑1飞，白2、4可以拦腰切断。在对方强大的外势面前，逃跑时采用跳或飞的下法，很容易被切断。

与死活密切相关的棋，选择坚实的下法比较明智。

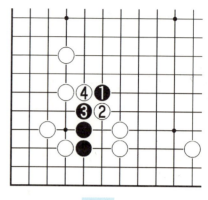

图 6

图 *7* 坚实的联络

黑1尖是最佳的下法，白棋无法切断黑棋，白2、4追击，黑3、5长出，步伐虽慢，但很坚实，以后黑7可以逃跑。

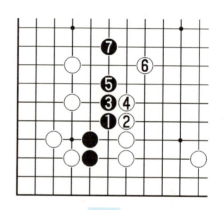

图 7

图 *8* 边的联络

黑白双方相互切断，现在黑⚫三子十分危险，要想活棋，黑棋必须吃掉白◎，黑棋能有什么手段吗？

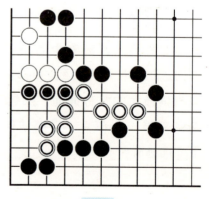

图 8

图 9 飞

黑1飞，是二路联络的方法，但不适用于一路的联络。白2、4、6可以切断，以后黑棋由于 A 位不入子，黑棋三子被吃。

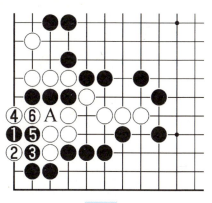

图9

图 10 一路尖

黑1尖是大家必须掌握的联络方法，黑棋三子由此可以与左下角的黑棋实现联络。白2、4试图切断，黑3、5可以联络。

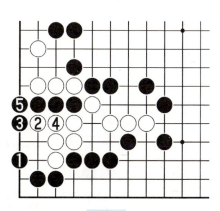

图10

图 11 联络成功

黑1时，白2试图切断，黑3、5则可吃白棋一子，黑棋联络成功，白棋大龙自然不活。

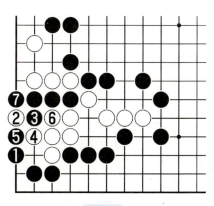

图11

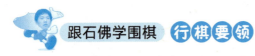

图 12　其他联络的方法

A 图中的上图黑 1 连接是本手，如果下成下图中黑 1 虎，白 2 扳后，黑 3 只好退，黑棋实地受损。

B 图中的上图黑 1 虎是效率很高的联络，如果下成下图中的黑 1 连接，白 2、4 可以先手收官，黑棋受损。

C 图中的上图黑 1 双是攻守兼备的联络方法，如果下成下图中的黑 1 连接，白 2、4 进行后，黑棋部分棋子被断。

在棋子的联络中，是否采用连接、虎、双或其他联络的方法，要具体情况具体分析，灵活掌握。

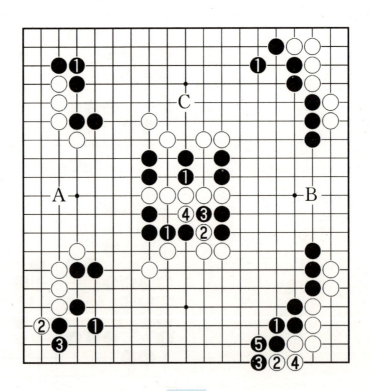

图 12

棋形的急所

双方交战时，急所的作用十分重要，如何做到不错失急所，为自己的作战创造有利条件是棋局取胜的关键。以下对一些与急所相关的棋形进行简要介绍。

① 虎的急所

图 13　**高效的连接**

黑 ▲ 尖顶时，白棋如何应对？

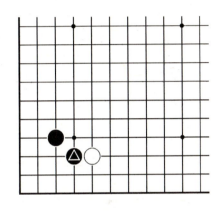

图 13

图 14　**虎的位置是急所**

白1挺头是绝对的急所，也是黑棋虎的位置，以后白 A 封锁十分严厉。黑2必补，白3拆边，白棋十分满足。白1是向边和中腹发展的有力的位置。

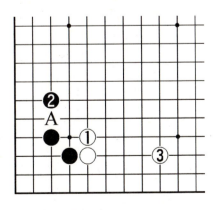

图 14

图 15　严厉的扳虎

白1如果不下在黑棋虎的位置，而下在其他地方，黑2虎后，白棋不利。其后白棋为救白△，必须于白3、5、7长，黑棋顺势压后，于黑8展开，黑棋外势十分强大。

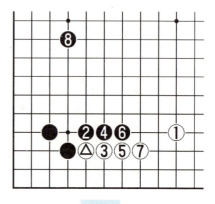

图 15

图 16　死活的急所

虎在死活中也是十分重要的急所，本图中的白棋看似已活棋，其实不然。黑棋如何才能吃住白棋？

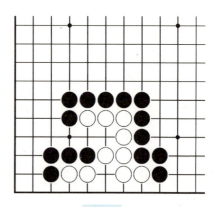

图 16

图 17　虎的急所

黑1先破白棋一眼是缓着，白2做眼后，白棋可以见合A和B位，白棋可以净活。

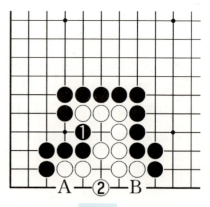

图 17

图 **18**　白棋不活

黑 1 点，占据白棋做眼的急所，白 2 做眼时，黑 3、5 渡过后，白棋自然不活。其中白 4 由于 5 位不入子，只能于 4 位连接。

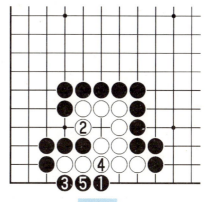

图 18

②双的急所

图 **19**　逆转的急所

图中黑白双方展开了对攻战，左边黑⚫四子完全被困，并且只有 3 口气，黑棋形势十分危险。黑棋如何才能逆转局面呢？

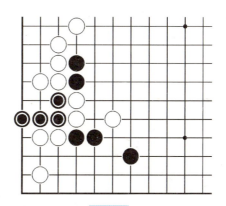

图 19

图 **20**　俗手

黑 1 打吃是俗手，白 2 可以连接，黑 3 时，白 4 长，黑棋无法继续封锁白棋。

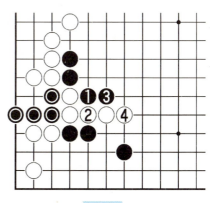

图 20

133

图 *21*　错失时机

黑1打吃，情况又会如何？黑3、5继续追击白棋，其后黑7吃住白⬜，虽然结果比图20略好，但与正确答案仍有距离。现在对攻战的棋筋是白△两子，而非白⬜，黑棋如何下才能吃住白△两子？

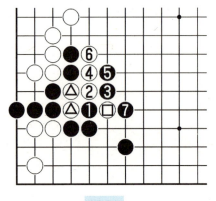

图 21

图 *22*　双的急所

黑1搭在白棋双的急所，以后不论白棋如何变化，黑棋都能取得对攻战的胜利。

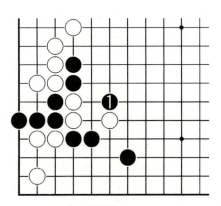

图 22

图 *23*　白棋的抵抗

其后白2、4顽强地抵抗，黑3、5封挡，白6时，黑7可以断打，白棋失败。

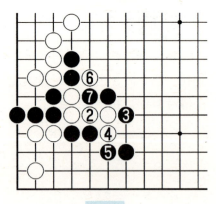

图 23

图 24　一手之差

前图黑 1 搭后，白棋由于不能逃跑，与黑棋展开对杀情况如何？白 2 紧气，黑 3 打吃白△两子，黑棋结果快一气取胜。黑棋吃住白△两子，其中黑△发挥了十分重要的作用。

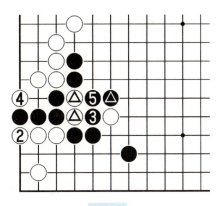

图 24

③左右同型适其中

图 25　必杀的急所

图中白棋十分开阔，看似活棋问题不大，请问黑棋必杀角上白棋的急所是什么？

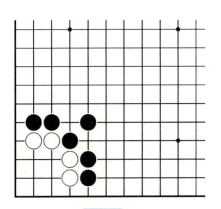

图 25

图 26　对称棋形的中央

图中白棋是对称的棋形，黑 1 点中央是必杀的急所，白 2 连接后，白棋也不能活棋。

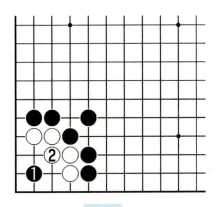

图 26

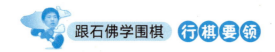

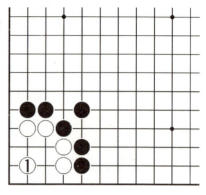

图 27 *敌之急所，我之急所*

如果白棋先下，白1也是做活的急所，白棋由此可以净活。

图 27

图 28 *其他案例*

以下是其他对称棋形的实战案例。

A 图中黑1是双倒扑的急所，白 a 如果连接，黑 b 可以倒扑白棋两子。

B 图中黑1挖是急所，白棋三子无路可逃。

C 图中的黑1是活棋的急所，以后黑棋可以见合 c 和 d 位，黑棋活棋。

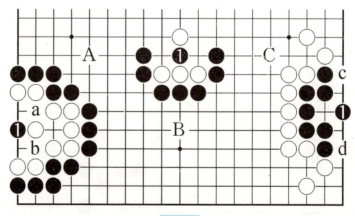

图 28

围棋的进行过程

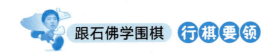

1. 布　局

我们前面学习了围棋的基本技术，现在开始学习下棋的方法。围棋分布局、中盘和尾盘三个阶段，布局是初盘阶段打基础、搭框架的过程。

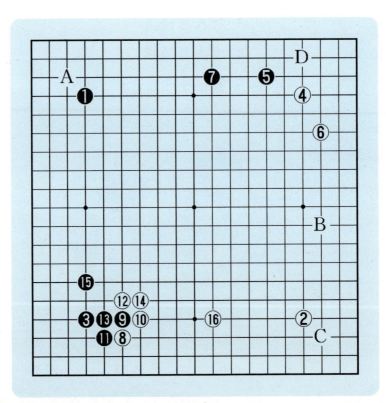

高效与低效

在入门阶段要学习的内容很多，但重点内容是如何高效围地。

图 1　围地次序：**角 – 边 – 中腹**

A、B、C 图中黑棋各投入了 6 个棋子围地。

A 图中黑棋围成了 9 目，B 图中黑棋围成了 4 目，C 图中黑棋围成了 2 目。A 图中黑棋由于位处角地，黑棋只要围两个面就可。B 图中的黑棋位处边地，需要围三个面。C 图中的黑棋位处中腹，需要围四个面。

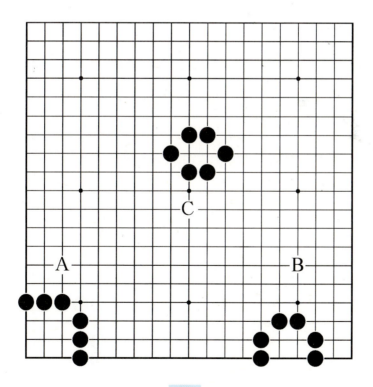

图 1

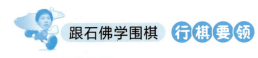
图2 跳跃式围地和紧贴式围地

围地的方法有多种多样，落后的围地方法无法围成更多的实地。

A 图中白棋的围地方法有一间跳、二间跳、小飞，棋形比较舒展。

B 图中的黑棋一个紧贴一个，围地十分坚实。

黑白双方各投入了 8 个棋子，结果如何？

B 图中的黑棋围成了 12 目，A 图中的白棋虽未完全围成实地，但棋形已超过了 40 目以上，因为对方渗透进来的可能性不大。

我们将 A 图中的围地方法称为"跳跃式围地"，B 图中的围地方法称为"紧贴式围地"。初盘阶段，A 图中围地的方法符合布局的基本原理。

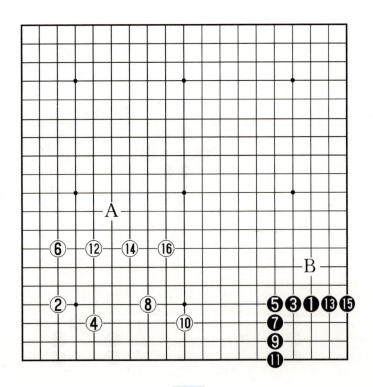

图2

图3　成目和不成目的位置

角部虽然便于围地，但过于接近角地，也不是围地的好方法。

A 图中的白棋位处三路或四路，从角至边的棋形十分舒展。而 B 图中的黑棋全部集中在二路和一路。

黑棋从一开始就执意占取角地，虽可围成部分实地，但不可能围成更多的实地，而且发展潜力不大，以后被对方压制后，还得为活棋担惊受怕。

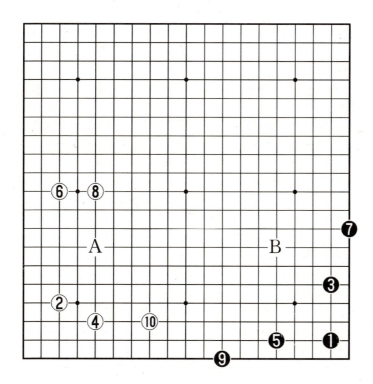

图3

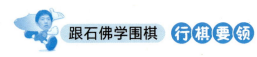

图 **4**　各路的名称

A 图中黑棋全部处于一路，不论下了多少子，都成不了目，因而一路有"死亡线"之称。

B 图中的黑棋全部位于二路，所围的实地有限，一般只在尾盘的中后期才可考虑下在这里，二路有"失败线"之称。

C 图中的黑棋位于容易围地的三路，三路有"实地线"之称，是布局阶段最常下的位置。

D 图中的黑棋位于四路，围地的能力尚可，向中腹发展的潜力十分出色，因而有"外势线"之称。

五路以上称为"中腹"。

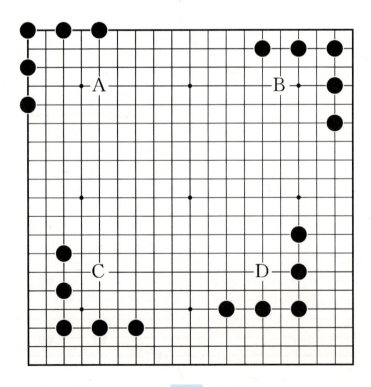

图4

图 5 四路的弱点

既然三路与四路在围地方面效率都很高，是不是意味着四路能围更多实地呢？

结果不是，比如 A 图中的黑棋在三路围地，对方即使打入，也无法活棋。B 图中黑棋在四路围地，白棋打入后，白棋有活棋的空间。也就是说不管围地的范围有多大，如果不能有效地吃掉入侵者，而将自己的势力范围拱手相让，肯定没有占到便宜。因此，最理想的围地方法便是三路与四路相互配合、协同作战。

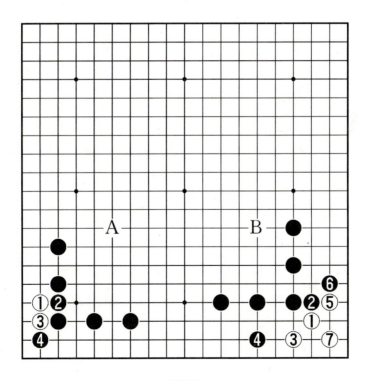

图5

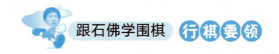

实地与外势

棋形中有些可以变成实实在在的目，有些只是具有变成目的潜在价值，可以成为实实在在目的棋形称为"实地"，在中腹有很强发展潜力的棋形称为"外势"。

图 **6**　　角、边的实地与中腹的发展潜力

A 图和 B 图均是定式的进行过程，也是黑白双方公平分割实地与外势的结果。

图中可见白棋主要占有了角和边等三路以内的实地，而黑棋取得了边地和中腹发展的潜力，都无不满。

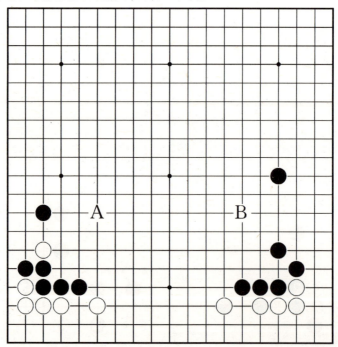

图6

图 7　极端的下法

本图是黑白双方取实地和外势的极端下法，双方各投入了 61 个棋子。黑棋看似全部占据了角和边地，局面十分有利，但经计算后黑棋为 118 目，而白棋却达到了 121 目，结果是白棋有利。不过，图中白棋要想将中腹围成实地的确十分困难。在此只是想证明，如果周围的外势强大，中腹的发展潜力不可限量这一事实。

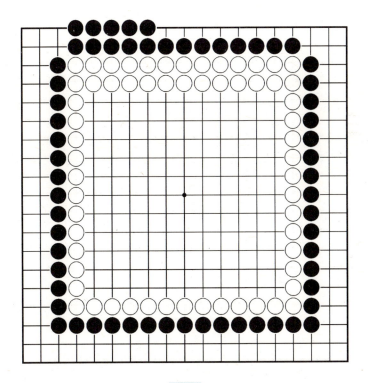

图 7

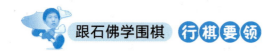
缔　角

从现在开始我们正式进入布局的学习，布局的第一阶段是占角，占角的方法又是什么呢？

图 8　星、小目、目外、高目、三三

图中 A 图的黑棋是星位，不仅有占取角地的优先权，而且还有对中腹很好的发展潜力，因而是棋手们最常用的占角方法，弱点是在掌控实地方面不及 a 位的三三坚实，对方有打入的机会。

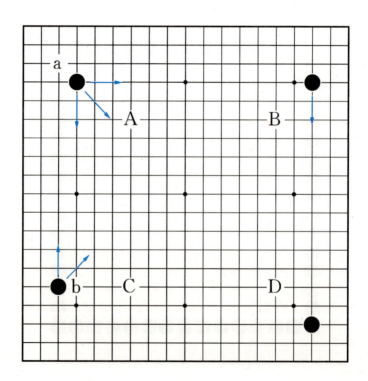

图 8

B 图黑棋是小目，在占取角地方面要优于星位，但对中腹的发展潜力方面逊于星位，是仅次于星位的常用占角方法。

　　C 图黑棋是目外，对边和中腹的发展潜力很好，内含的变化也较多，多用于上手对下手的对局。与一路之隔的高目（b 位）相似，因与角地较远，对实地的掌控能力较弱，因而一般不常使用。

　　D 图黑棋是三三，可以一手棋控制角地，擅于取实地的部分常被职业棋手使用，但由于对边地和中腹的发展潜力较弱，近来已不常使用。

　　除以上介绍的着法外，其他位置虽也可行棋，但结合占地和发展潜力的因素，几乎不用考虑。

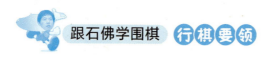

图 9 对方的应对手段

率先占角者并不能一手棋就能完全占取角地，对方肯定会设法进行阻碍，于是一方占角时，另一方就会有相对应的手段。

A 图中黑棋占星位时，三三是弱点，白 1 可点三三。

B 图中黑棋占小目时，白 1 挂，是阻止黑棋占角的急所。

C 图中黑棋占目外和高目（b 位）时，白 1 或 a 位是应对的急所。

D 图中黑棋占三三，角地虽然坚实，但白 1 或 c 位是阻止黑棋向中腹发展的有力手段。

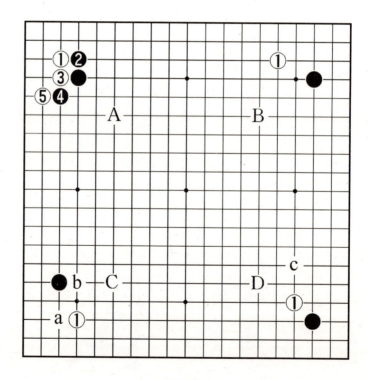

图 9

图 10　星位的各种缔角方法

A 图中黑 1 小飞缔角十分坚实，因而常用。

B 图中黑 1 一间跳的缔角方式，由于取外势的意味较浓，发展潜力（⇒所示方向）较好，但因其后门（→所示方向）洞开，掌控实地方面不是十分坚实。

C 图中黑 1 大飞缔角也经常使用，并且发展潜力很大，但存在 b 位的弱点，c 位由于距离星位过远，对缔角帮助不大，其作用接近于拆边。

A、B、C 三图中黑棋虽然均为缔角，但都存在白棋在 a 位点三三的手段，因此黑棋还没有完全掌控角地，以后有机会时，还须再补一手棋，才有可能完全占取角地。

D 图中的黑 1 或 d 位在有黑▲的有力支援时，是很好的缔角方式。

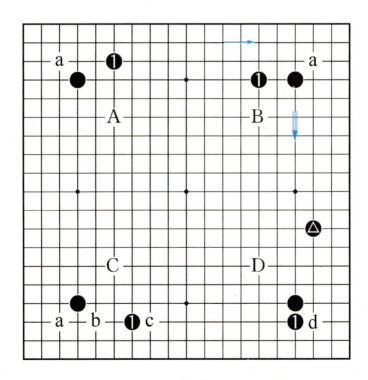

图 10

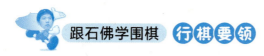

图 11　小目的各种缔角方法

仅次于星位缔角的方法就是小目缔角，A 图中黑 1 小飞缔角是最坚实的缔角，黑棋仅用两手棋就可在角上围成 10 目以上的实地。

B 图中黑 1 一间跳缔角，其特点是对边和中腹（⇒所指方向）发展潜力较好，在黑▲存在时常用。

C 图中黑 1 大飞缔角，可以迅速在边路出头，但存在 a 位的弱点。

D 图中黑 1 尖缔角，是在其周边存在白△时使用的特殊缔角方法，一般不常使用。

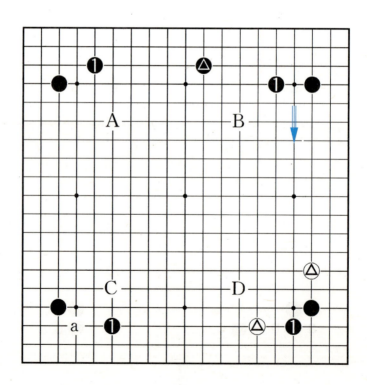

图 11

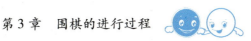

挂　角

挂角是阻止对方独占角地的常用方法，更为形象的表达便是将自己的棋子挂在对方的角上，可以选择的位置就是对方缔角的位置。

图 12　*代表性挂角*

A 图中黑占星位时，白 1 是最常用的挂角方法，除此之外还有 a、b、c 等挂角方法。B 图中黑占小目时，白 1 是最常用的挂角方法，之外还有 d、e、f 等挂角方法。

挂角的位置一般与对方棋子保持一路或两路的间隔，在限制对方发展的同时，伺机攻击对方。

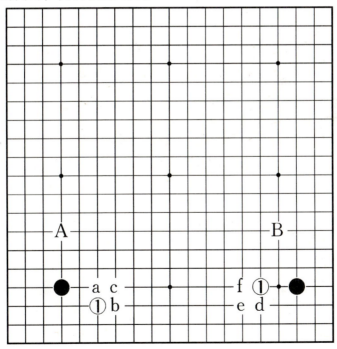

图 12

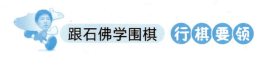

图 13 错误的下法

本图中的白棋不能称为挂角。

A 图中的白 1 过于接近黑棋，黑 2 挡后，白棋不仅让黑棋得到了实地，自己反而还受攻，是标准的帮对方下棋。

B 图中的白 1 距离角地太远，黑 2 完全有缔角的空间。也就是说，在选择挂角时，距离对方棋子既不能太近，也不能太远。

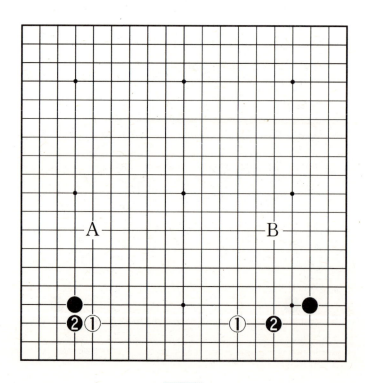

图 13

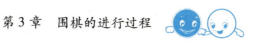

棋形的扩张

在完成占角和缔角后，接下来要考虑的问题是如何在边上和中腹进行扩张。在棋形扩张的过程中，一定要充分考虑自己和对方棋子的配置情况。

图 14　高效扩张和步步为营

图中黑白双方在同等条件下进行扩张，结果如何呢？

A 图中黑棋的棋形十分活跃舒展，而 B 图中的白棋则步步为营，双方投入的棋子相同，黑棋围成了大约 60 目实地，而白棋则围成了 30 目左右的实地。

B 图中的白棋行棋过于谨慎，效率不高。

A 图中的黑棋在扩张棋形时，首先在边上进行展开，然后再向中腹跳，顺序很好，效率很高。

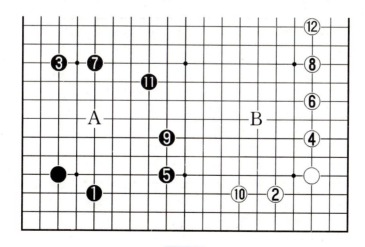

图 14

153

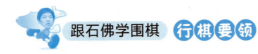
图 15　白棋打入无理

A 图中的黑棋在完成缔角后，于黑▲展开，白棋担心黑棋扩张过大，于白 1 打入，但黑 2、4 攻击后，白棋十分危险。

不加思索就匆匆忙忙打入对方的阵营，这样行棋很容易受到对方的攻击，从而错失大势。布局阶段一定要先占大场，待周边的棋子走强后，再伺机打入，或者选择 B 图中的白 1 侵消是比较明智的方法。

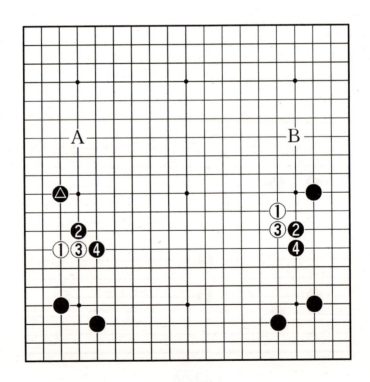

图 15

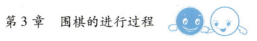

图 *16*　拆的间隔

拆边时到底应选择多大的间隔，这是一个不易回答的问题。

A 图中的周边白棋十分强大，此时黑 1 如果大拆，就会有被分割的危险。白 2 利用外援打入十分严厉，黑 3 跳，白 4 同样跳，黑棋不仅棋形被破，而且还受攻。

B 图中的黑 1 拆边，白 2 如果逼住，黑 3 单跳进行扩张，黑棋的棋形十分理想。

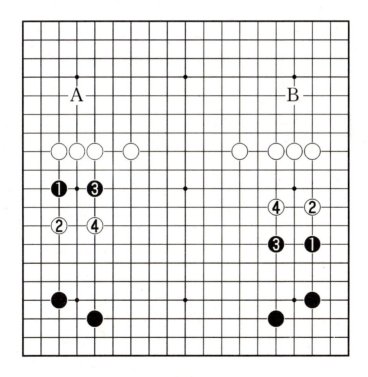

图 16

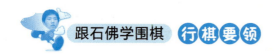

拆 边

在占角和缩角以后，就应考虑在边上开辟新的阵营，其中十分重要的手段就是拆边。

图 17　折边的间隔

在边上开辟阵营时，最重要的是保持合适的间隔。

A 图中的黑 1 拆边，间隔不大不小正合适。

B 图中的黑 1 拆边，间隔太小，效率不高。

C 图中的黑 1 拆边，间隔过大，有 a 位的弱点。

D 图中的黑 1 单长，只是补棋，而非扩张。

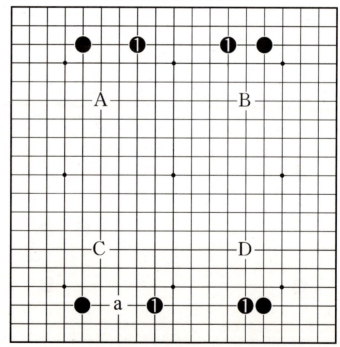

图 17

图 18　合适的间隔——拆二

拆二是拆边最合适的间隔，白棋如果想破黑棋，于白 1 打入，黑 2（或 5 位）挡，黑棋十分安全，白 3、5 时，黑 4、6 应，白棋不活。

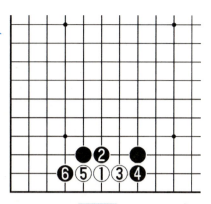

图 18

图 19　没有缺陷

白 1 靠，试图制造黑棋的弱点，但黑 2 扳补后，黑棋没有缺陷，白 3、5 时，黑 4、6 补棋，黑棋实地更大，可以满足。

折二的棋形，对方无可乘之机。

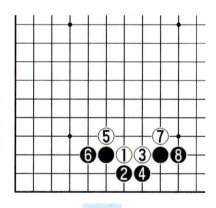

图 19

图 20　黑棋的弱点

黑❷如果拆三，间隔过大，白 1 可在中间打入，黑 2、4 包围时，白 3、5 可以出头，黑棋无法吃住白棋。以后黑棋继续攻击白棋，下至白 9 出头，黑棋反而被一分为二，十分难受。

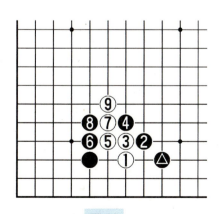

图 20

157

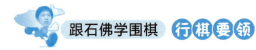

图 21　强行封锁不成立

白 1 打入时，黑 2 如果靠压，试图强行封锁白棋，但过于勉强。白 3、5 利用手筋，下至白 9 出头，黑棋与上图大同小异。

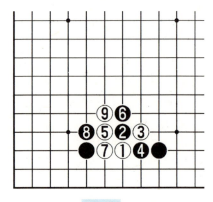

图 21

图 22　实地被夺

白 1 打入时，黑 2 如果从下侧托虽是最佳的应手，但仍然不能吃住白棋。白 3 扳，黑 4 只好断，下至白 9，白棋可以活棋，黑棋的实地反而被夺。

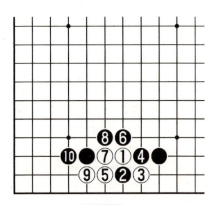

图 22

图 23　立二拆三

边上只有一个棋子时，拆二是正确的选择；如果有两个棋子，立二拆三是正确的选择。

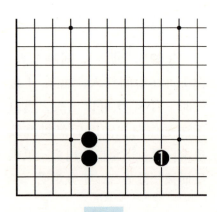

图 23

图 24　打入无理

黑▲立二拆三时，白1打入，黑2封锁可以成立，与图20不同的是，黑■的支援有决定性作用，白棋由于不能出头，只好寻求做活，以下进行至黑10，白棋无法活棋。

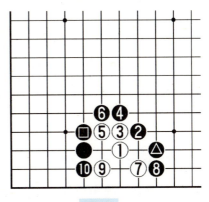

图 24

图 25　周边敌军的影响

当然也有例外的情况，比如黑棋周边有白□和白▲等棋子时，黑1选择拆二是明智的下法。

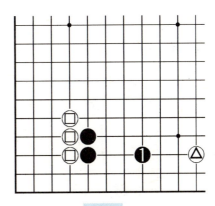

图 25

图 26　立三拆四

如果黑棋有并列三个棋子时，黑棋应如何拆边？

黑1可以拆得更大一点，即立三拆四。因此在拆边时，一定要考虑自己棋子的配置和对方棋子的配置情况。

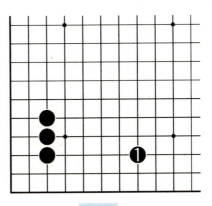

图 26

159

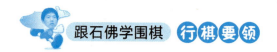
分　投

在布局中，为了不让对方形成大模样以及牵制对方，在对方阵势的中央下子并保留两边开拆余地的下法称为"分投"。

图 27　分散对方阵势

下图是实战布局场面，白6和黑7分投在对方阵势的中央下子，其后白8和黑9分别拆边，这就是分投的下法。

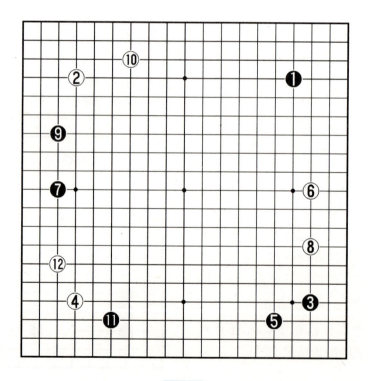

图 27

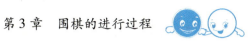

图 **28**　两边开拆

分投时，最重要的是要保留两边开拆的余地。A 和 B 图中的黑 1 分投时，对方不论从哪一侧逼攻，均可在另一侧拆边。

其次分投的棋子不能受到对方的猛攻，并可获取安定。

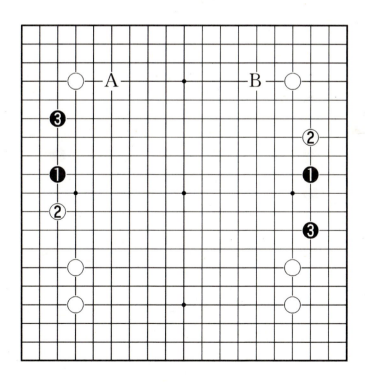

图 28

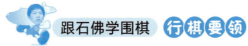
图 29　错误的分投

下图是黑 1 错误分投的案例。

A 图中白 2 逼攻，黑 3 只能单拆，白 4 可以破黑棋的根地和夺取实地，黑棋十分难受。黑 3 如果下在 a 位，白棋在 b 位挡后，黑棋不仅让白棋顺势走强，而且会受到白棋的猛攻。

B 图中白 2 逼攻，黑 3 也只能单拆，白 4 在围地的同时，还可攻击黑棋。

这两种下法均不是分投，因为黑棋没有开拆的余地。

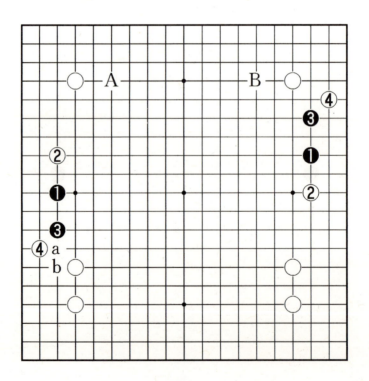

图 29

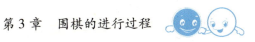

图 30　分投的重要性

A 图中黑棋如果不选择分投，而于黑 1 挂角，此时白 2 夹攻，是攻击兼拆边一石二鸟的好点，黑 3 点三三进角，以下进行至白 12，黑棋角上虽然活棋，但白棋在边上得到扩张，十分满足。

B 图中黑 1 挂角，白 2 夹攻，黑 3、5 跳出，白 4、6 顺势走强后，黑棋大损。白棋在确保两侧围地的同时，还继续攻击黑棋，黑棋则一无所获。

由此可见分投的重要作用。

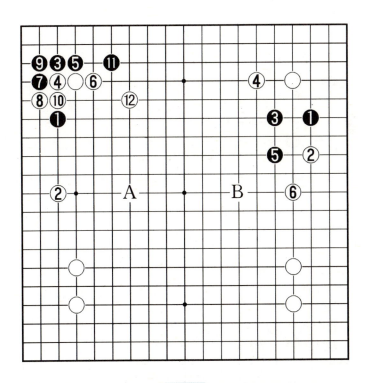

图 30

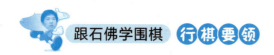
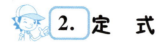

2. 定 式

在角地接触战中，黑白双方均认可的最佳着法称为"定式"，只要有一方受损，都不能称为定式。

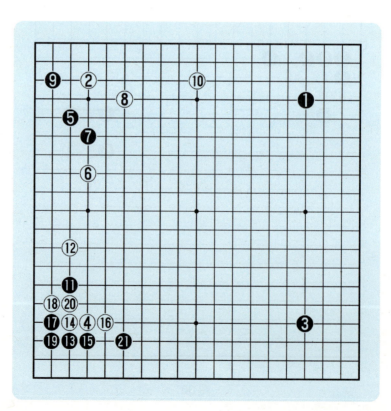

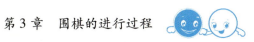

定式的原理

一个定式在形成过程中，短则数年，长则数百年，历经多代高手反复分析研究以及实战的检验，最后才能形成。定式中的基本着法是双方的最佳进行，因此大家一定要学好定式。

图 1　定式的作用

定式是布局过程中不可缺少的一环，下图是实战中经常出现的基本定式，请大家仔细品味一下。

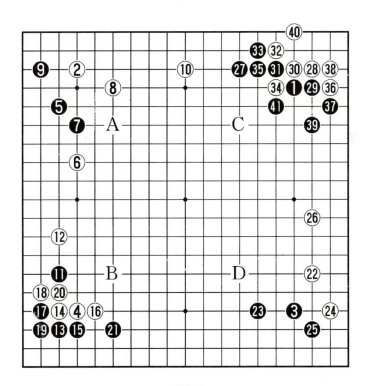

图 1

图 2　定式的构成

本图是代表性星定式的一种，大家从定式的形成过程中，可以发现定式的构成。

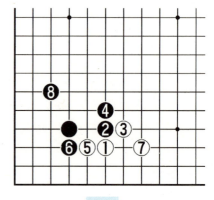

图2

图 3　飞挂的应手

黑棋占星位时，白1飞挂，黑2靠是应手。

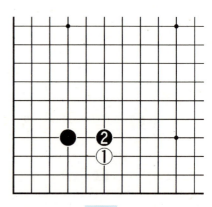

图3

图 4　后续进行

其后白3扳，按照围棋格言，黑4必然长，白棋则有 A 位的断点。

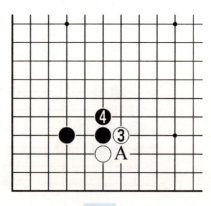

图4

图 **5**　　白棋受损

图 4 中的白棋如果不补断点，而下成本图中的白 5 长，黑 6 以下断吃白△一子后，白棋大损。

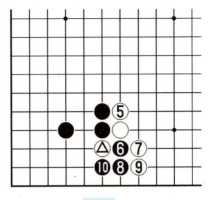

图 5

图 **6**　　黑棋优势

如果白 5 补断，黑 6 虎挡是双方的急所，白 7 拆，白棋在下边安定自己时，黑 8 飞补，黑棋可以确保角地，其结果是黑棋满足，因而不能称为定式。

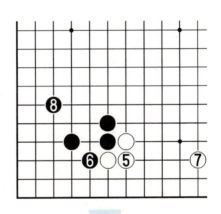

图 6

图 **7**　　抢占急所

白 5 抢占急所，白棋可以有效地补 A 位的弱点。黑 6 挡，不仅是实地上的要点，也是双方根地的要所。

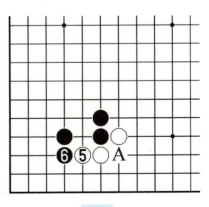

图 7

167

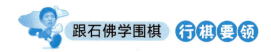

图 8 让出角地

图 7 中的黑 6 如果不下，而下成本图中的黑 6 压，白 7 继续长后，黑棋受损。其后黑 8 补棋，黑棋将角地拱手相让，损失很大。黑 8 如果下在 9 位扳，白棋在 8 位断后，黑棋损失更大。

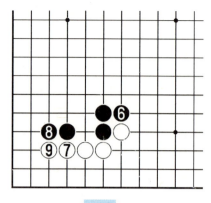

图 8

图 9 各补断点

因此黑 6 挡是绝对手，此时白棋必须补 A 位的弱点，白 7 虎是很好的下法。之后有白 B、黑 C、白 D 的断点，因此黑 8 必须补棋，双方各补断点。

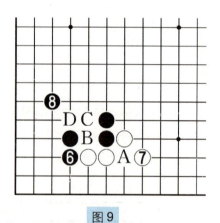

图 9

图 10 视周边情况的定式

如果有黑▲存在，黑 8 可以不飞，而下成本图中的黑 8 单跳，效率更高。因为黑 8 与左边三路的黑▲形成了很好的配合，可以围成更大的实地，这也是定式的进行。

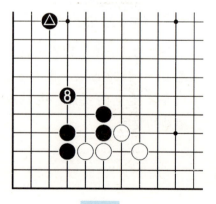

图 10

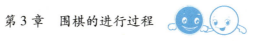

基础定式

通过学习各种定式的变化，将其运用至实战，对提高棋力帮助十分大。

①星定式 1

图 11   代表性星定式

本图是实战中经常出现的一些星定式，A 图中的靠长定式，我们刚刚学习过，现在学习 B、C、D 图中的星定式。

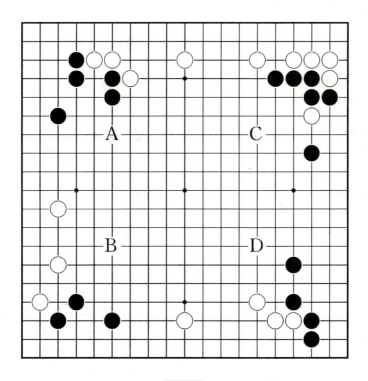

图 11

图 12　对挂的应手

白1飞挂是星定式中最常用的下法，黑2对挂也是有力的应手，后续进行见下图分析。

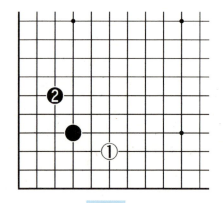

图 12

图 13　根地和实地

其后白3飞，虽然下在了二路，但却是生根的重要次序。黑4补在三三，可以守住角地。白3如果不下，黑棋下在这一位置很大。

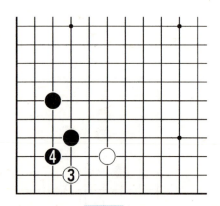

图 13

图 14　简明的处理

其后白5拆二，在确保棋形和根地的同时，定式结束。这一定式次序不长，处理简明。

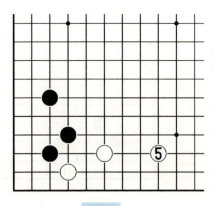

图 14

图 15　白棋守势

前图白5如果脱先，黑6夹攻后，白棋被动。定式中确保自己的棋子生根安定是最重要的任务，以后才能放心大胆实施自己的战略。

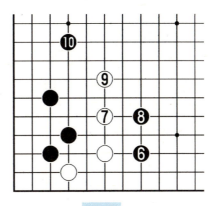

图 15

图 16　最常见定式

我们再次对刚刚学习的定式进行整理，本图中的定式是最简明合理的进行，因而也是最常见的定式，有"第1定式"之称。

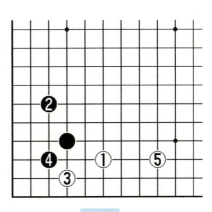

图 16

图 17　定式的变型

根据情况的变化，白1挂时，黑2也有单跳补棋的下法。白5以后，黑6在边上展开。如果黑棋在6位已有棋子，黑2单跳的下法效率更高。另外白3在A或B位拆也是常见的下法。

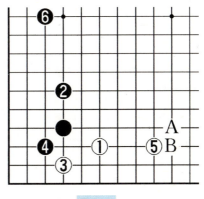

图 17

171

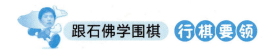

图 18　伪定式

黑2尖顶后，黑4飞，这是初学者常用的下法，看似定式，实际上黑棋受损。白3、5展开，十分理想，毫无缺点，而黑角仍不完整。

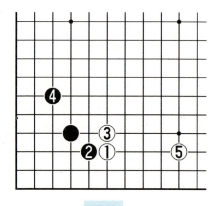

图 18

图 19　三三打入

图18中的黑棋角地为什么说仍不完整，这是因为白1可以点三三进角，此时黑2补棋，白3可以渡过，黑4切断是无理棋，下至白7，黑棋一子被吃。

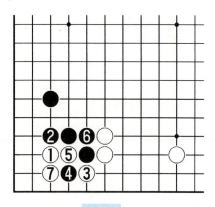

图 19

图 20　角地尽失

白1点三三时，黑2如果切断，黑棋同样受损。白3以下进行至白7，白棋活角。黑棋还有A位的弱点，只好于黑8补棋。黑棋角地尽失，大损。

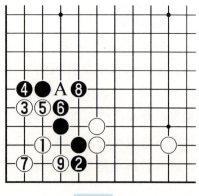

图 20

172

② 星定式 2

图 21　挂的夹攻

白 1 飞挂时，黑 2 夹攻也是定式，意图是破白棋的根地，因此白 3 点三三进角是定式的进行。黑 2 也有可能下在 A 位。

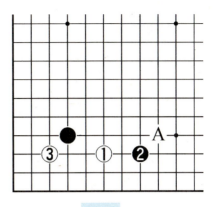

图 21

图 22　白棋受损

黑△夹攻时，白 3、5 单跳也是一种下法，但白棋受损。黑 4、6 分别在左边和下边补棋并取实地，白棋只是空手而归。

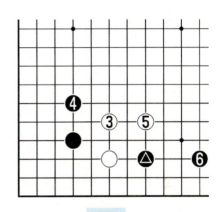

图 22

图 23　以实地换外势

白 3 点三三进角时，黑 4 挡是正确的方向。其后白 5 时，黑 6 长是好手，黑棋将实地让给了白棋，得到了外势，并可猛攻白△。

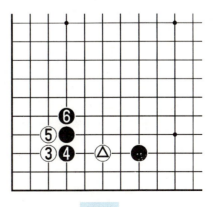

图 23

图 *24* 无理的下法

前图白5时，黑6扳白棋二子头，结果又会如何？由于有白△的存在，白9断十分严厉，黑10长，白11扳后，黑棋三子被吃。黑12靠看似可以渡过，但白13可以吃住黑棋。

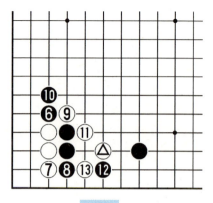

图24

图 *25* 明智的选择

图23中的黑6长时，白7、9扳接，白棋果断弃白△一子，占取实地是明智的选择。白棋如果舍不得白△，白7在A位跳，黑B拐挡后，角上白棋十分危险。图中白11单跳是定式。

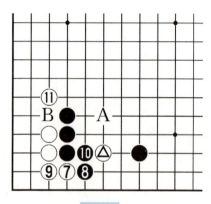

图25

图 *26* 黑厚

图23中的黑6长时，白7、9、11连续在三路长不好，下至黑12，黑棋很厚。白棋跟着对方长的下法，始终落后对方一步。

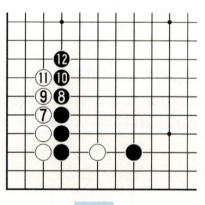

图26

图 27　留有弱点

图 23 中的黑 6 长时，白 7 若跳，黑 8、10 可以冲断白棋，白 11 虽可吃黑棋一子，但黑 12 打吃后，黑棋可取角地。白 11 如果下在 12 位，白棋虽可活角，但白 7 一子被黑 A 征子，黑棋可得外势。

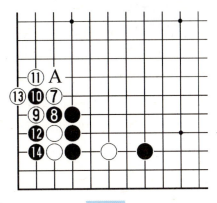

图 27

图 28　外势对实地

本图中下至白 11 是定式的必然次序，形成了黑棋外势对白棋实地的转换。

双方各取所需，这种转换正是定式的核心之处。

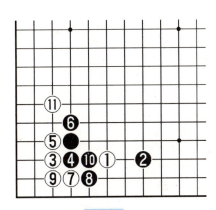

图 28

图 29　定式变型

如果周边有黑▲存在，白 3 进角时，黑 4 挡可以最大限度发挥已有棋子的作用，白 5 渡过，黑 6 利用先手后，黑 8 封锁，黑棋可在中腹及边地取得强大的外势。

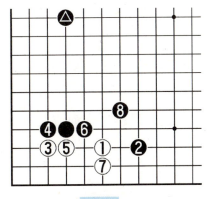

图 29

图 30　其他夹攻

白 1 飞挂时，黑 2 二间高夹是夹攻中常见的一种，白 3 进角也是常见的下法，以下进行至白 11，与 A 位的一间低夹大同小异。

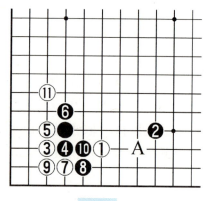

图 30

③星定式 3

图 31　一间高挂

白 1 一间高挂也是星定式的常见下法，黑 2 一间跳补是将价值最大化的下法，在 A 位飞补也是一种稳健的下法。

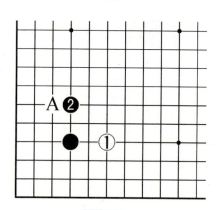

图 31

图 32　一间高挂的目的

白 1 一间高挂的目的是抑制黑棋的攻击，阻止黑棋取外势。此时黑 2 如果夹攻，白 3 可以强力反击，黑棋由于面临复杂的战斗，一般不会轻易夹攻。

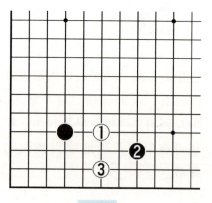

图 32

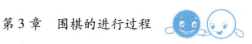

图 33　各取边地

前图白 1 挂时，黑 2 一间跳补棋，白 3、5 靠退，白棋生根，黑 6 则是获取根地和实地的绝对点，白 7 拆边，黑 8 展开，定式告一段落。

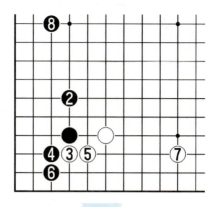

图 33

图 34　省略次序

图 33 中的白 3 如果不下，而下成本图中的白 3 展开，黑 4 打入十分严厉，以后黑棋有 A 位渡过的手段，白棋无法攻击黑棋，白棋困难。

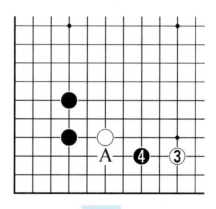

图 34

图 35　实地和根地的要点

图 33 中的黑 6 如果不在 7 位下立，则白 7 扳很大，黑棋不满。以后白 A 断打也很大。因此 7 位不仅实地很大，而且还是双方根地的要点，绝对不可错失。

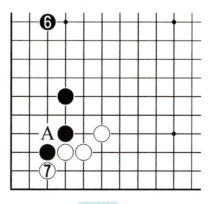

图 35

图 36　无理棋

在有白◻时，图 33 中的黑 8 打入是无理棋，白 9、11 强封后，黑棋危险。以后黑棋即使活棋，也会让白棋顺势获得强大的厚势。

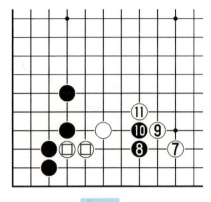

图 36

图 37　比较

我们重新整理一下次序，面对星位，一间高挂要比小飞挂角在实地上略亏，优点是不让对方掌握主动权，并可在边上占取实地。

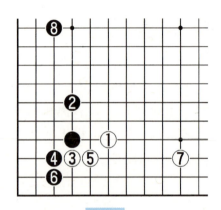

图 37

图 38　定式变型

白 1 高挂时，也有黑 2、4 靠退的下法，白 3、5 扳接，黑 6 飞，白 7 则立二拆三，这又是另一种定式的进行。黑棋的实地看起来很大，但角上有 A 位的余味。

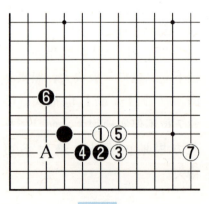

图 38

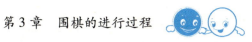

④ 小目定式 1

图 39 代表性小目定式

小目定式是仅次于星定式的常用定式。小目定式对角地的控制要比星定式强，更方便占取实地，不过容易让对方筑成强大的外势。

下图是 A、B、C、D 四个代表性小目定式。

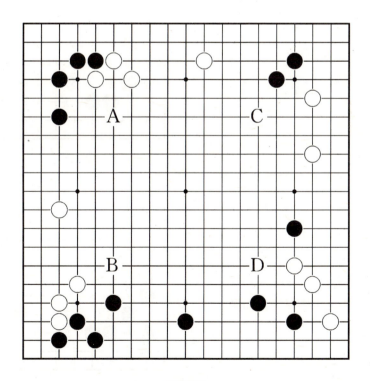

图 39

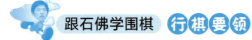

图 40　取实地的下法

黑棋占小目时，白1一间高挂是最常见的下法，此时黑棋的应对方法有很多种，最基本的下法是黑2、4靠退，这是黑棋占取角上实地的坚实下法。

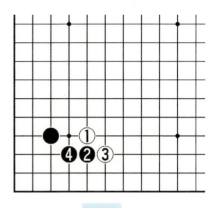

图 40

图 41　占角与拆边

其后白5连接，黑6拆边，黑棋的步伐虽然不大，但却是巩固角地的绝对点。白7立二拆三也是很好的下法。

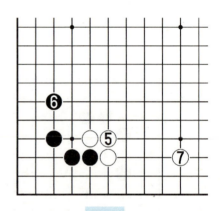

图 41

图 42　无理棋

前图白5连接时，黑6夹攻是无理棋，白7靠十分严厉，黑8、10补棋，白11、13顺势长后，白棋的外势很好，而黑6一子被孤立。

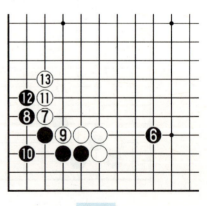

图 42

图 43　简明的定式

本图中的进行是简明的定式，也是高手们广泛使用的小目定式。

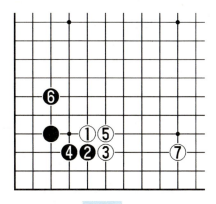

图 43

图 44　定式变型

本图中的定式虽然与图 43 的定式类似，但白棋更讲究效率，是现代定式变型的一种。

黑 2、4 靠退时，白 5 虎补，其后白 7 可拆得更大一点，但要考虑到以后黑 A 打入的变化。

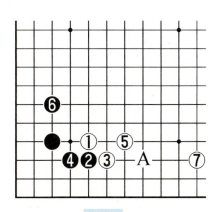

图 44

⑤ 小目定式 2

图 45　中庸的定式变型

白 1 一间高挂时，黑 2 飞补是中庸的定式变型，白 3 靠三三进角是掌控实地和根地的要点。

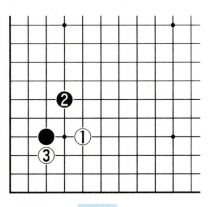

图 45

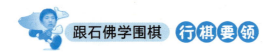

图 46　后续进行

其后黑 4 扳，白 5 退是当然的下法，此时黑 6 补棋十分重要，大家一定要牢记。

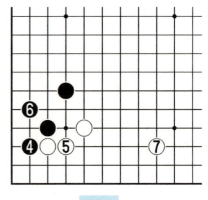

图 46

图 47　搜根

前图白 5 退时，黑 6 如果在白棋拆的位置夹攻，白 7 先手搜根后，黑棋十分痛苦。白棋由于已经生根，于白 9 出头，以后白棋可以见合 A 和 B 位的夹攻，双方攻守的主动权互换。

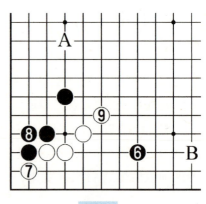

图 47

图 48　推荐定式

我们对这一定式再次回顾一下，白 7 拆可以考虑，但下在 A 位更为坚实。

本定式中出现了靠、扳、长和拆的一系列基本手法，更学到了黑 6 生根的下法，这一定式有必要向大家积极推荐。

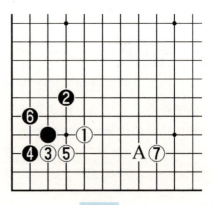

图 48

图 **49**　定式变型

白1挂时，黑2如果不飞，而是下成本图中的单跳也可考虑。白3、5靠退时，黑6下立占取角地，黑棋虽可获得一些实地，但黑棋中腹的发展潜力不如前图的定式。

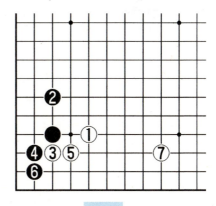

图 49

⑥小目定式3

图 **50**　飞挂的尖应

白1小飞挂小目是常见的下法，此时黑2尖出也是常见的应对手法，其后白3、黑4各自展开，定式结束，十分简单。

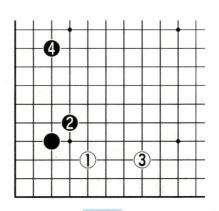

图 50

图 **51**　黑棋低位

前图黑2尖，虽然简单，但却是双方的急所。如果下成本图中的黑2拆边，白3肩冲是大势要点，下至黑8，黑棋虽可占取实地，但位置太低，白棋获得了强大的外势。

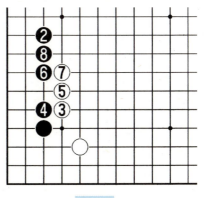

图 51

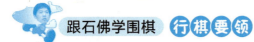

图 52　白棋过分

图 50 中的黑 2 尖时，白 3 夹攻黑棋是过分的下法，黑 4 肩冲后，白△陷入困境。由于围棋是双方轮流进行的运动，一方不可能占尽好点。

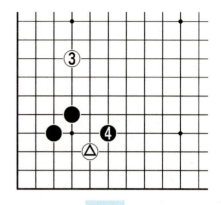

图 52

图 53　现代的定式变形

黑棋也可不尖，而下成本图中的黑 2 飞，白 3 拆边，黑 4 确保角地后，黑 6 拆边，定式告一段落。

黑 2 飞的下法要比尖的下法步伐更快，因而称为现代的定式变形。

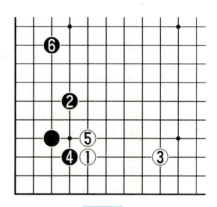

图 53

⑦ 小目定式 4

图 54　积极夹攻

白 1 飞挂时，黑 2 夹攻是更积极的应对方式，黑棋通过攻击白棋掌握主动权。此时白 3 尖出是好手法。

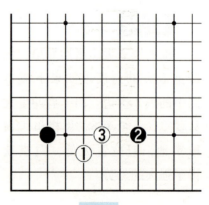

图 54

图 55　封锁白棋

前图黑 2 夹攻时，白 3 如果急于生根，黑 4 以下进行至黑 10，黑棋可以封锁白棋，白棋结果因小失大。

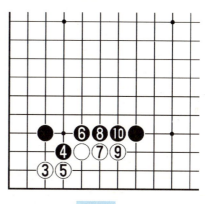

图 55

图 56　小飞应

白 3 出头时，黑 4 小飞是稳健的应手，此时白 5 小飞进角是掌控实地和根地的绝对点，黑 6 展开，以后白棋可在 A 位夹攻黑▲，也可下在其他地方。

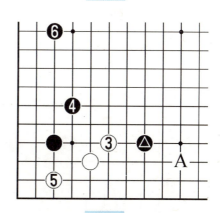

图 56

图 57　夹攻定式

我们将上图的定式重新在棋盘上摆一下，这类夹攻定式由于比较复杂难下，需要逐一分析，才能体会到每一手棋的含义所在。

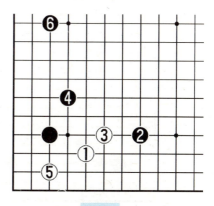

图 57

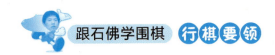

3. 打入与侵消

对方所围成的棋形很大时，必然要设法进行渗透，这种破坏对方实地的方法便是"打入与侵消"。

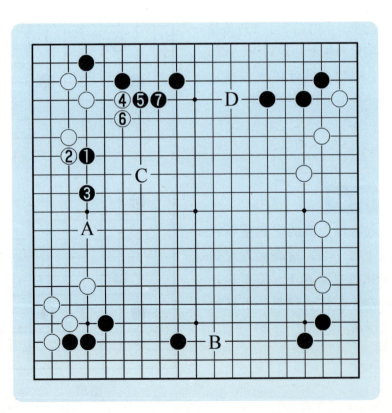

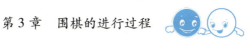

中盘战的开始

中盘战是将布局阶段所构筑的棋形巩固为具体的实地，并与对方确定界线的过程，围绕双方实地的增减，棋子间经常发生冲突。

图 1 中盘战的开始——打入与侵消

黑25对左边的白棋阵势从外侧进行消减的手法称为"侵消"，白34对下边黑棋阵势进行破坏的手法称为"打入"。打入和侵消的目的就是想法设计减少对方的实地。

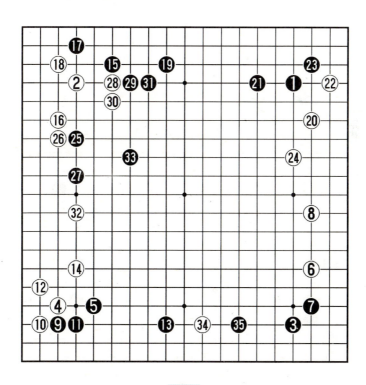

图1

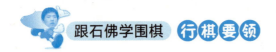
打入的要领

打入对方的阵营并不是盲目破对方的实地，打入地点错误，反而可能受到对方的猛攻，导致自己全军覆没，即使在对方的势力范围内勉强活棋，但由于付出的代价过大，自己反而受损。

正确选择打入的急所十分重要。

①寻找对方的弱点

图 2　打入的急所

下边的白棋棋形十分宏大，白 A 如果再补一手棋，则很可能在下边围成大块实地，现在黑棋考虑打入，如何打入？

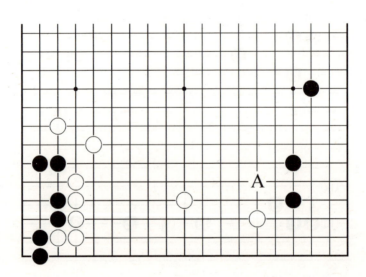

图2

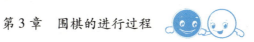

图 3 方向错误

由于白棋在四路有子，黑棋的打入大多在三路，但图中黑 1 打入是方向错误，原因是过于接近白棋的强势，白 2 搜根后，白 4 封，黑棋十分危险。

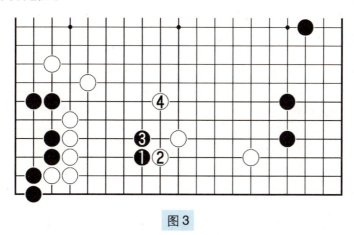

图 3

图 4 正确的打入

黑 1 打入是急所，白 2 封，黑 3 利用先手后，黑 5、7、9 可以在破白地的同时，生根活棋。

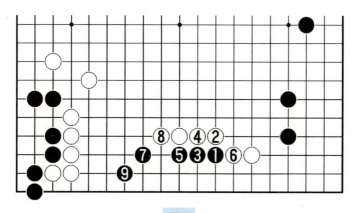

图 4

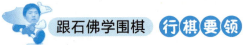

图 5　成功贯通白棋

白棋如果不想让黑棋活棋，于白2搜根，黑3尖出后，可以阻断白棋，白△一子反成孤子，攻守的位置发生了变化。

打入能否取得成功，秘诀就是地点的选择，一定要选在方便出头、对方势力弱的地方打入。

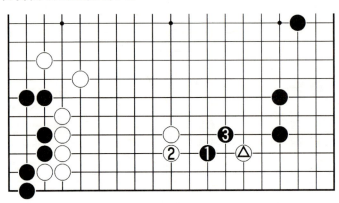

图5

②在开阔的地方打入

图 6　打入的急所

本图中黑棋打入白棋的急所是什么？

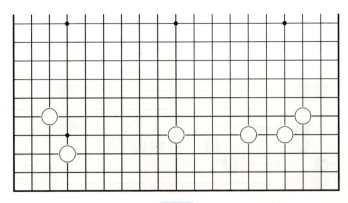

图6

图 7　打入成功

黑 1 打入是急所，白 2 封，黑 3、5 生根后，黑 7 展开，黑棋成功在白棋的势力范围内活棋，并占取了相当的实地，打入取得了成功。白棋如果不愿这样进行，将白 2 下在 7 位夹攻，黑棋可在 2 位出头，摆脱白棋的追击。

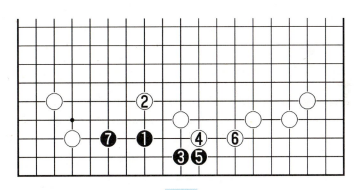

图 7

图 8　自寻苦战

黑 1 虽然也是打入，但方向错误，白 2 封，以下进行至黑 13，黑棋虽然活棋，但白棋得到的外势过于强大，黑棋因小失大。本可在开阔的地方打入，却选择了如此狭小的地方打入，结果自寻苦战。

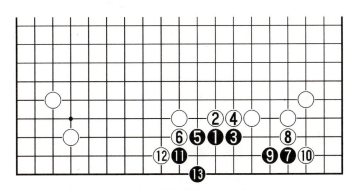

图 8

191

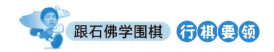

③利用援军

图 9 打入的急所

白棋如果有机会在 A 位补一手棋，下边白棋几乎可以完全成实地，但在白棋补棋之前，黑棋必然要考虑打入。请问黑棋如何利用黑△进行打入？

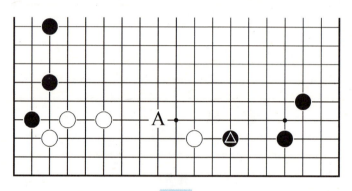

图 9

图 10 白棋阵营被破

黑 1 以黑△为后援打入十分严厉，白 2 试图封锁，黑 3 先手补棋后，黑 5 轻松出头，白棋阵营被破。白 2 如果在 A 位跳，黑棋 B 位出头。

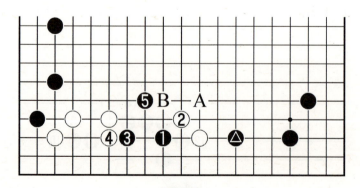

图 10

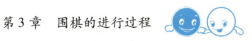

图 11　攻守逆转

白棋如果不按图 10 进行，于白 2 防守，黑 3 封，反攻白△一子，黑棋正好有机会充分利用黑▲一子。在周边有自己的援军时，打入更容易取得成功。

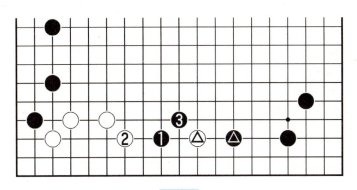

图 11

图 12　错误下法

黑 1 打入方向错误，不仅远离自己的援军黑▲，还距离对方的白△过近，属于孤军深入。白 2、4 攻击后，黑棋危险。

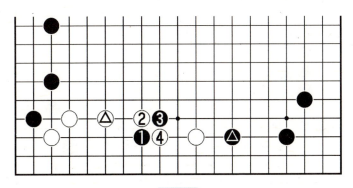

图 12

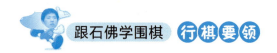
侵消的要领

与打入相对应的是从外部消减、限制对方阵势或地域的下法称为"侵消"。侵消的位置十分重要,既不能过深也不能过浅。

①肩冲

图 13 侵消的急所

本图虽然与图9相似,但不同点是下边黑子换成了白△,左边增加了白▣,黑棋欲侵消白棋,请问黑棋正确的手段是什么?

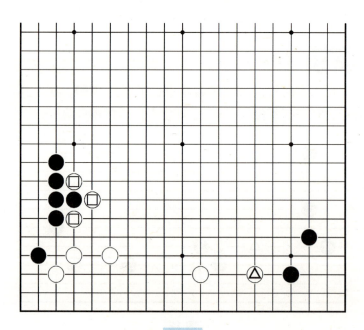

图 13

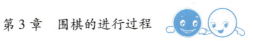

图 14　打入无理

黑 1 下成图 10 中的打入是无理棋，白 2、4、6 封锁后，黑棋危险。白◻还有支援作用，以后黑棋即使能活棋，白棋在外围获得的外势过于强大。

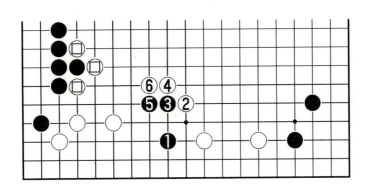

图 14

图 15　轻快的肩冲

黑 1 肩冲是急所，白 2、4 在下边坚守，下至黑 5，黑棋利用先手后，于黑 7 跳出，可以满足。黑棋压迫白△中腹出头的下法称为"侵消"。侵消的下法常用于消减或治孤。

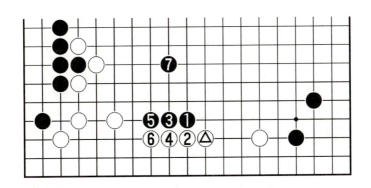

图 15

图 16   浅消

黑1镇，虽然也是侵消，但程度过浅，白2可以顺势补棋。过于浅消，反而会让对方顺势走强。

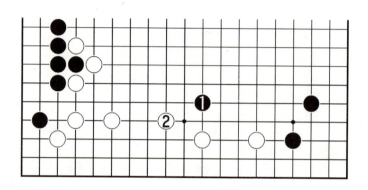

图 16

②镇

图 17   侵消的急所

白棋在下边的棋形十分理想，以后白A单跳，白棋可以构筑成十分强大的厚势，此时黑棋应考虑消减白棋，请问黑棋应如何下？

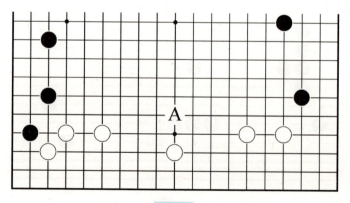

图 17

图 *18*　因小失大

黑 1 打入，目的是彻底破坏白棋，但过于深入。白 2、4 封挡后，黑棋必须就地做活，下至黑 15，黑棋虽然艰难活棋，但白棋构筑成强大的外势后，于白 16 反击，黑棋错失大势。

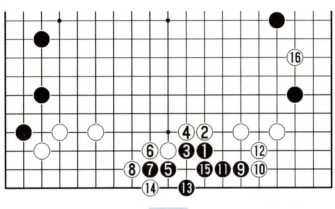

图 18

图 *19*　错误的肩冲

黑 1 肩冲，虽然也可考虑，但在本图中不合适。白棋巩固下边后，白 10 可以反击黑△一子。

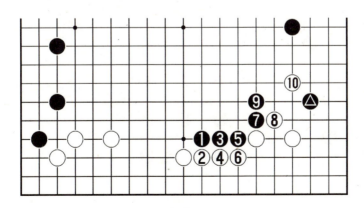

图 19`

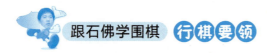

图 20　严厉的镇

黑1镇是绝好的侵消，白2补棋，黑3跳或A位小飞，黑棋侵消成功。以后白棋还有B位的余味。黑棋阻止白△中腹出头的下法称为"镇"。

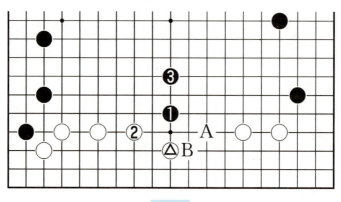

图 20

图 21　白棋无理

黑1镇时，白2如果反击黑棋，黑3、5跳后，黑7、9向边上发展，白棋如果执意继续攻击黑棋，黑11、13冲出后，右下角的白△两子反而受攻。

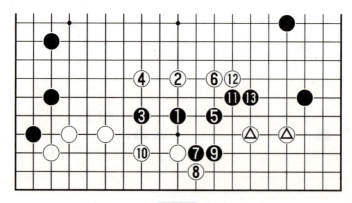

图 21

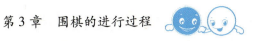

③不要孤军深入

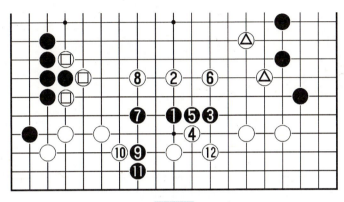

图22　不能忽视周边情况

本图与图21类似，但不同点是白棋有白△和白▢的援军，此时黑1镇，白棋利用周边的援军，于白2反击十分严厉，以下进行至白12，黑棋已接近于死棋。

图22

图23　侵消要因地制宜

周边对方的外势强大时，侵消的深度要随之变化。图中黑1浅消是本手。

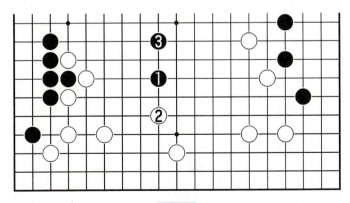

图23

4. 攻击与治孤

出现吃对方棋子的机会时，没有及时攻击，就会错失良机；本可以活的棋，却稀里糊涂葬送机会，这种失误的结果肯定是导致自己受损。因此我们平常一定要多观摩高手的实战，掌握攻击与治孤的手法。

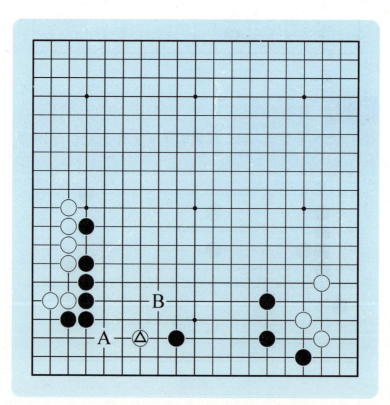

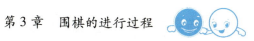

攻击的要领

攻击进入自己阵营的敌方棋子，一定要遵循以下几条法则。

①切断退路

图 *1*　攻击的急所

为了牵制黑棋下边的外势，白棋向黑棋阵营实施了打入，现在打入的白△命运如何？

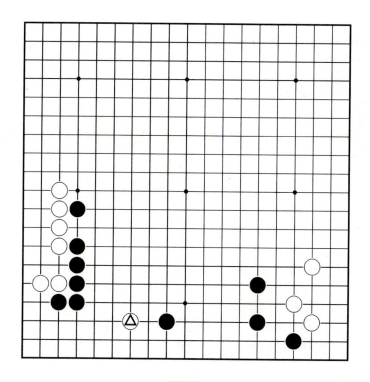

图 1

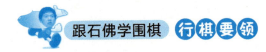

图2　打开出路

黑1在坚守左下角实地的同时，破白棋的根地，但是方向错误，白2、4、6连续单跳后，白棋成功打开了出路，而黑棋还有左下角A位空门，角地还不能完全成为实地。

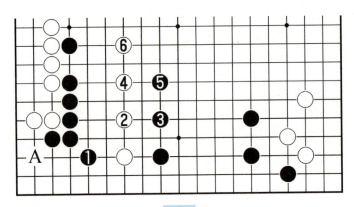

图2

图3　成功封锁

黑1按照格言"攻击用飞"封锁白棋是正确的下法，下至白18，白棋虽勉强活棋，但黑19冲断后，黑棋的外势太厚，白棋生不如死。

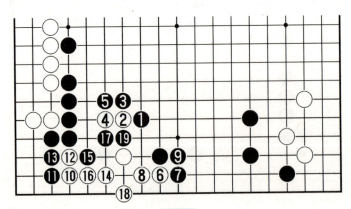

图3

②搜根

图 4　攻击的急所

黑棋欲利用棋子的优势猛攻白◎，请问黑棋应如何下？

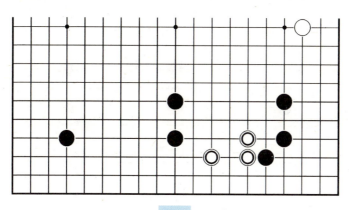

图 4

图 5　徒劳无益

黑 1 匆忙封锁白棋，徒劳无益。白 2 生根活棋后，黑棋的实地被抢占，所得的外势因为右边白△的存在，价值不大。

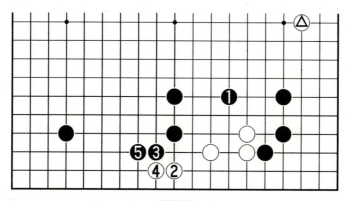

图 5

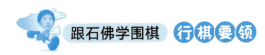
图6 剥夺根地＋确保实地

黑1首先剥夺白棋的根地，并坚守实地是正确的下法。白2逃跑时，黑3、5、7伴攻压迫白△，可掌握主动权。

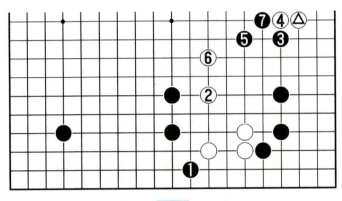

图6

③正确掌控方向

图7 攻击的方向

黑棋欲追击白◎，其正确的攻击方向是什么？

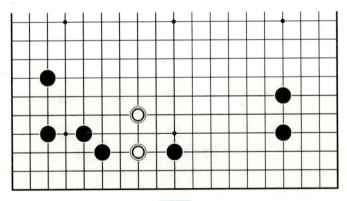

图7

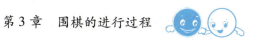

图 8 方向错误

黑1、3欲切断白棋的出路，看起来十分严厉，但白2、4应后，黑棋的攻击不成立。下至黑5封是黑棋有勇无谋的表现，白6包围黑△一子后，下边的黑棋阵营被破。

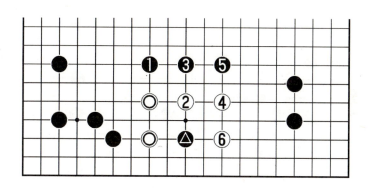

图8

图 9 攻击的急所

既然黑棋无法封锁白棋，黑1、3单跳先手捞取实地后，黑5缔角，黑棋的成果很大，白棋只能一味逃跑。

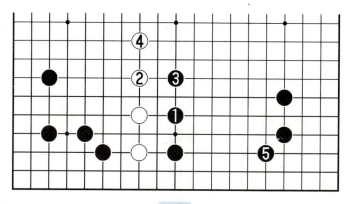

图9

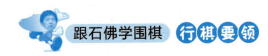
④照顾自身弱点

图 10 攻击继续

黑棋欲猛攻图中的白棋，请问应如何攻击？

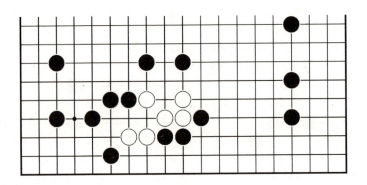

图 10

图 11 劫后余生

黑棋由于存在 A 位的弱点，因而不能放手攻击白棋，黑1先补自身的弱点是本手。白2时，黑3封锁，白4试图做活，黑棋由于没有弱点，黑13以下继续攻击白棋，下至黑17，黑棋的战果十分辉煌。

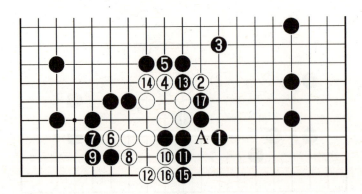

图 11

图 *12*　无理攻击

黑1直接攻击白棋时，白2切断，黑棋大损。下至白8，白棋如果吃掉黑■两子，立即可以活棋。以下进行至白18，黑棋只能负隅顽抗，当初的无理攻击，最后给黑棋带来了十分严重的后果。

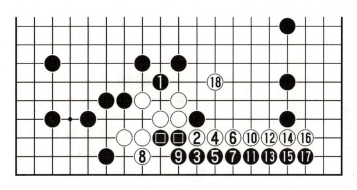

图 12

⑤不要执意吃子

图 *13*　轻重缓急

黑棋对下边的白棋发起了猛烈攻击，白○靠退想就地活棋。以后白A补一手，就可达到活棋的目的，请问黑棋现在应如何下？

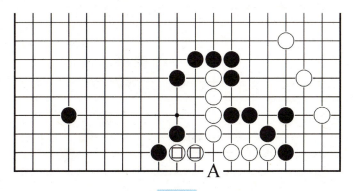

图 13

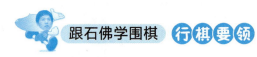
图 14 伤及自身

黑棋急于求成，黑 1 点破白棋的眼位是过分的下法，白 2 断后，黑棋困难。黑 3 长时，白 4 可以打吃下边黑棋一子，黑棋大损。黑 3 如果下在 4 位，白棋可在 3 位吃黑棋一子活棋。

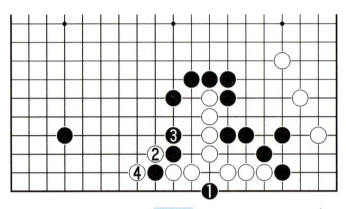

图 14

图 15 取舍适度

在黑棋攻击不成立的形势下，黑 1 先补自身弱点，白 2 做活，黑 3 则可在左上角占取实地并构筑大模样，取舍适度是明智的选择。

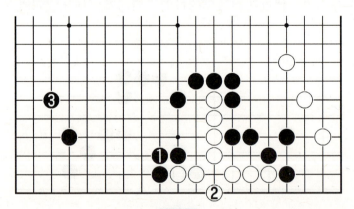

图 15

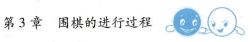

治孤的要领

对被攻击的棋子实行施救的过程称为"治孤"。在治孤时，应该注意的事项是绝对不能慌张，要冷静应对。

①寻求突破口

图 **16**　治孤的方向

黑▲打入时，白△搜根，此时黑棋应如何治孤？

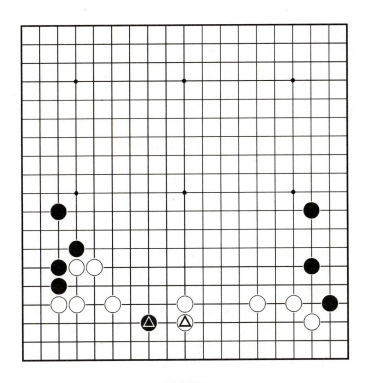

图 16

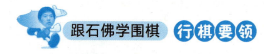

图 17 逃为上策

由于黑棋通向中腹的通道尚未关闭,因此黑1、3快速向中腹逃跑是上策,下至黑5,白棋失去了攻击目标。

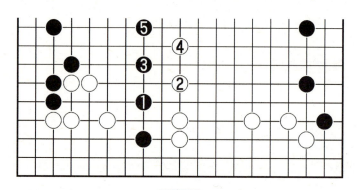

图 17

图 18 完全被封

黑棋如果不顾一侧已被对方搜根的现实,而执意于黑1生根,则白2封锁十分严厉,以下进行至黑9,黑棋虽可活棋,但让白棋取得了强大的外势。其后白棋则以外势为后援,于白10攻击左边黑棋,黑棋在下边活棋的代价又让左边的黑棋承担。

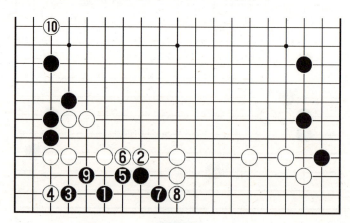

图 18

②生根

图 *19* 　*治孤的要领*

白△软封并攻击黑棋，黑棋如何治孤？

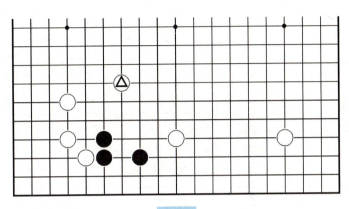

图 19

图 *20* 　白棋一举两得

黑 1 单跳看起来可行，但白 2 搜根后，黑棋难受。由于中腹的形势仍不明朗，黑棋还必须于黑 3、5 继续逃跑，白 4、6 则在攻击黑棋的同时，顺势取得外势和实地，真是一举两得。

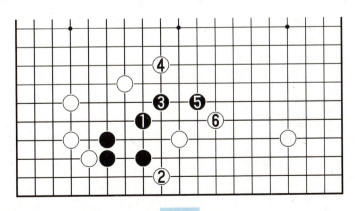

图 20

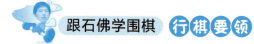
图 21　就地生根

既然中腹的退路形势不明朗，黑棋必须考虑就地生根。黑1、3生根，下至黑7，黑棋可以净活，并成功蚕食白棋下边的实地，白△一子也成为了闲子。

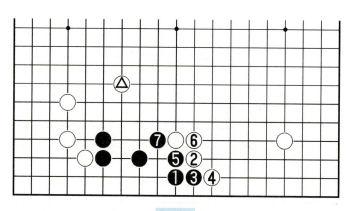

图 21

③重视棋形

图 22　治孤的急所

图中黑棋受到了白棋的猛攻，请问黑棋治孤的急所是什么？

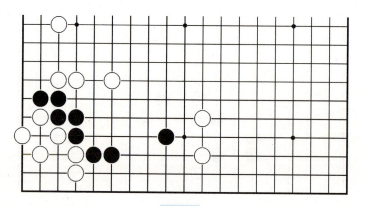

图 22

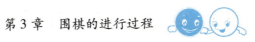

图 23　棋形的急所

黑 1 是棋形的急所，黑棋仅用这手棋就可做活，白 2 封锁，黑 3、5 做活，以后黑棋还有 A 位靠的手段。

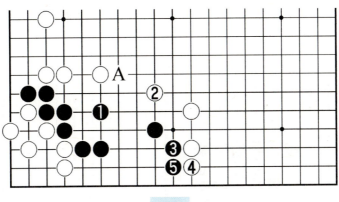

图 23

图 24　黑棋受损

黑 1 如果先跳，白 2 抢占急所后，黑棋不好。黑 3 必补，白 4、6 利用先手后，白 8 封，黑棋大损。

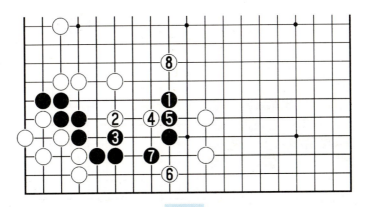

图 24

④攻击对方的弱点

图 25　治孤的最佳手段

图中的黑棋生死未明，白△破眼，目的是吃黑棋。请问黑棋如何摆脱危机？

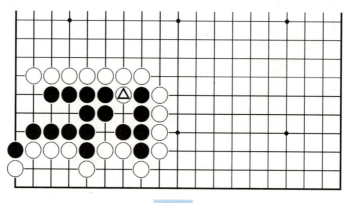

图 25

图 26　黑棋被吃

面对白棋的毒手，黑棋如果犹豫不决，于黑 1、3 作最后的垂死挣扎，以下进行至白 8，黑棋无法做出两眼活棋。

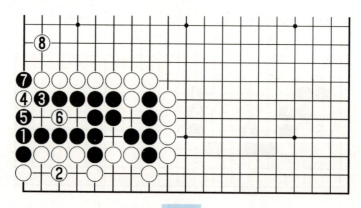

图 26

图 27 反击成功

既然就地无法做眼活棋，就必须冷静观察现在的局面，寻找对方的弱点，以求突破，获得最佳的手段。

通过分析，白棋的确存在致命的弱点，黑1断击中对方的要害，白2救回白△两子，黑3利用先手后，黑5、7是吃白◎三子的手筋，黑棋反击大获成功。其中黑1时，白2如果下在3位，黑棋可在2位吃白△两子活棋。

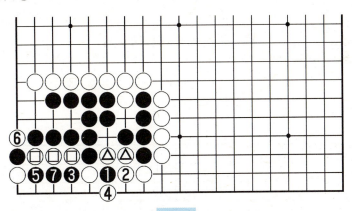

图 27

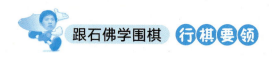

5. 官 子

　　在进入尾盘后，为确定双方实际区域的过程称为"官子"，也可以说是对未明确的棋形进行最后的整理。

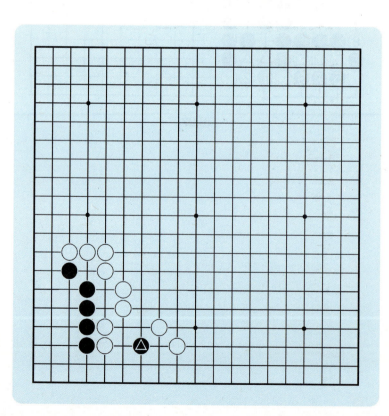

官子的基础

在上手与下手的让子棋中，下手经常在官子阶段被上手反复搜刮，损失多达数十目，局面被逆转的情况常常发生，这是因为下手对官子不是十分了解，对官子的重要性认识不够所致。

图 1 错误的官子

虽说官子是双方整理分界线的过程，但并不是像图中黑1、3、5、7这样简单收官就可以了，黑棋应充分利用黑▲，以获取官子的最大利益。请问黑棋正确的官子手段是什么？

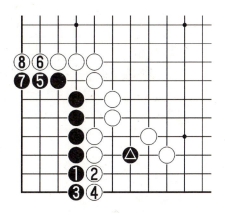

图1

图 2 最佳的官子

黑棋利用黑▲，于黑1、3先手扳接，以下进行至白14，是黑棋最佳的官子过程。

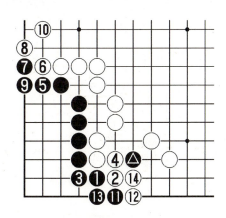

图2

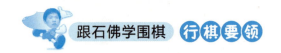

先手与后手

围棋中有先手和后手之分，但正确的概念和差别，大家或许还不十分清楚，请见以下的分析。

图 3　先后手的比较

A 图中的黑1是后手，B 图中的白1是先手。

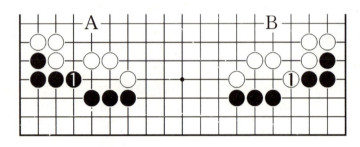

图3

图 4　后续进行

黑1和白1时，黑白双方假定都脱先。

A 图中的黑3冲，白4挡，白棋的损失不大。

B 图中的白3冲，黑棋被分断。

因此 B 图中的白1是先手，黑棋必须应；而 A 图中的黑1是后手，白棋可以不应。

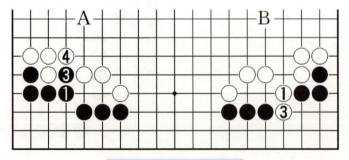

图4　②脱先　❷脱先

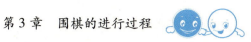

官子的种类

根据官子的先后手关系，可以将官子分为四种：①双方都是先手的为双先官子；②一方是先手的为单先官子；③双方都是后手的为后手官子；④一方是先手而另一方必须甘当后手的为逆收官子。

图 5　双先官子

黑 1、3 扳接是先手，白 4 必须补棋。

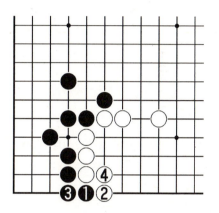

图 5

图 6　白棋受损

前图白 4 如果不补，黑 5 可以断吃白△，白棋受损。

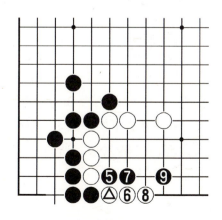

图 6

图7　白棋先下

白棋如果先下，白1、3扳接也是先手，黑4必须补棋。

结论：此处的官子是双先4目，双先官子是官子阶段最优先考虑的位置。

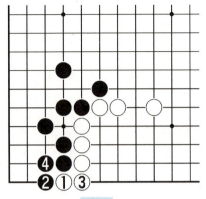

图7

图8　先手变后手

本图多了黑△一子，此时白1、3是后手官子，因为A位形成了虎口，黑棋没有必要补棋。

相反黑棋在3位扳仍是先手，这种官子就是单先官子，白1、3则是逆收官子。

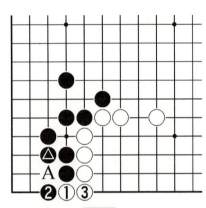

图8

图9　代表性双先官子

黑1在一路尖是典型的双先官子，白棋如果不在A位补棋，而在其他地方下棋，黑3可以跳入白阵，白棋大损，所以白棋不能脱先。

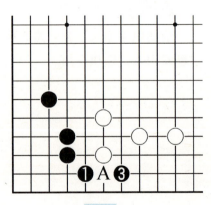

图9

图 10　白棋先下

相反，白1时，黑棋也必须在 A 位补棋，如果不下，白3跳入后，黑棋角地会受到蹂躏。类似的官子是绝对的双先官子，威力和价值都很大，必须在官子的第一阶段优先考虑，甚至在中盘阶段就要考虑。

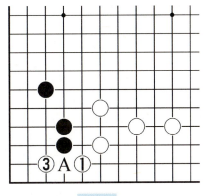

图 10

图 11　代表性后手官子

黑1、3在一路扳接时，棋子配置决定了先后手。图中由于有白△存在，白棋自补了 A 位的弱点，黑棋是后手官子。

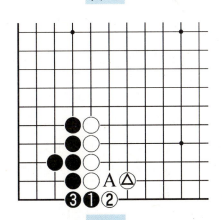

图 11

图 12　最后阶段的官子

白1、3扳接，由于黑▲补去了 A 位的弱点，白棋是后手官子。

黑棋也是后手官子，这类棋形就是双后手官子，其价值也就2目，应在官子最后阶段才考虑。

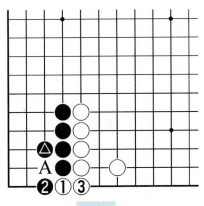

图 12

221

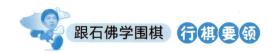

官子的大小

官子也有大小之分，要想知道官子的大小，必须先了解目数的计算方法。

职业棋手在官子阶段逆转胜负的情况经常发生，因此大家有必要熟练掌握官子的相关知识，以避免在实战中不被高手欺负。

图 13　比较计算法

将图 11、图 12 的结果进行比较可以发现，A 图是黑棋先下的结果，以 × 为界线，黑棋为 6 目，白棋为 4 目。B 图是白棋先下的结果，黑棋为 5 目，白棋也为 5 目。

A、B 两图比较后，其目数有 2 目的差距。

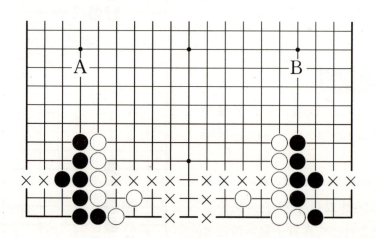

图 13

图 14　一路官子的价值

本图是代表性逆收官子的棋形。A 图中黑 1 大飞，B 图中白棋为了防止黑棋的大飞，于白 1 挡。

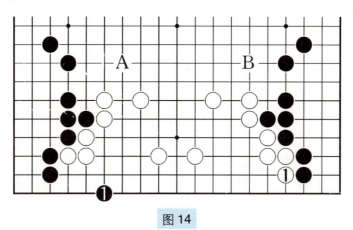

图 14

图 15　逆收官子 9 目 = 价值 18 目

A 图中黑△大飞时，白 2 以下的处理方法一定要牢记。

B 图中白△挡阻止黑棋大飞，并确保了以后白 3、5 的先手官子。结果黑白双方官子的差为 9 目，由于白△阻止了黑棋的先手官子，因而白棋的官子是逆收 9 目，其实际价值为 18 目。

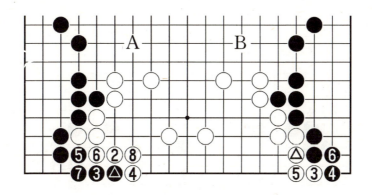

图 15

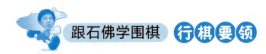
图 16 李昌镐的官子心得

本图是本人在中盘就开始考虑的官子，因而有"李昌镐官子"的别称。

黑1与白1逆收官子的价值是多大？这是星定式中经常出现的棋形，大家一定要掌握。

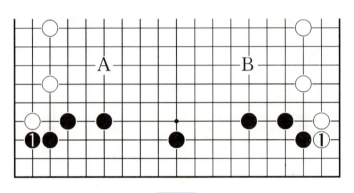

图 16

图 17 出入法比较

A 图中黑▲挡，以后黑棋有黑3、5、7吃白□一子的后续手段，并有 a 位扳先手官子的附加收益。相反，B 图中的白△长，以后白3下立后，可以保障白5、7扳接的先手官子。按照出入法计算后，黑▲与白△的价值约为18目。

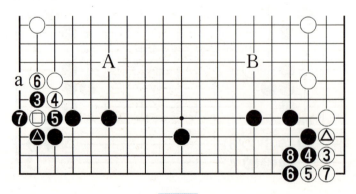

图 17

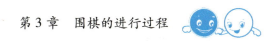

官子的要领

对实际官子过程中须牢记的事项进行了分析整理后，总结出以下官子的要领。

①从先手官子开始

图 18　官子的次序

现在黑棋先下，本图四个角中黑棋最有效率的连贯性官子次序是什么？

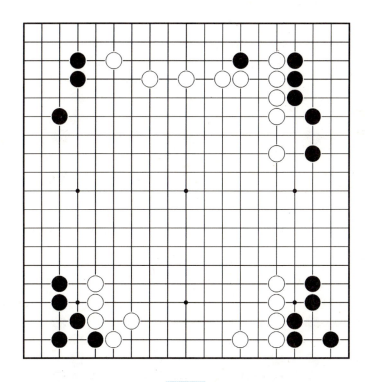

图 18

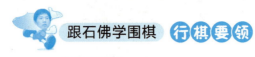

图 19　双先→单先→逆收官子→后手官子

黑 1 是双先官子，白 2 补棋时，黑 3、5 和黑 7、9 以及黑 11、13 先手扳接，如果让对方扳接，则是逆收官子。

其后黑 15、17 在下边扳接，并可阻止白棋在 17 位打吃，因而此处黑棋是逆收官子。以后的官子虽由白棋掌握，但黑棋已经将可以收的官子收入囊中，白棋只剩下白 18、20 的后手 2 目官子。由此可见先手是多么重要。

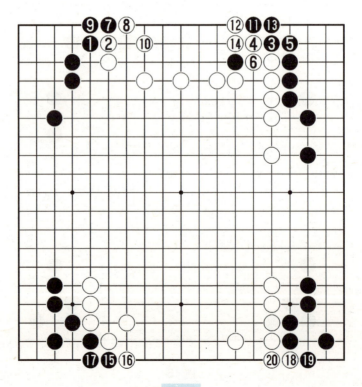

图 19

②急所比先手更重要

图 20　急所的重要作用

黑 1 肯定是双先官子，但在本图中却是错误的，白 2 是更具战略价值的急所。白 2 本身虽只有 18 目的价值，但由于可以威胁到黑●的死活，其价值不可估量，现在黑棋还顾不及在 A 位跳，因为要先救活自己的大龙。

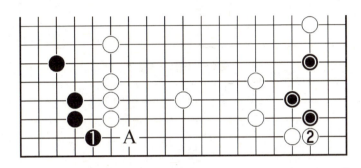

图 20

图 21　确保大龙活棋是重中之重

黑 1 在右下角挡是本手，白 2 时，黑 3 挡。黑 1 的位置太重要，可以忍受左下角双先官子的损失。在有类似急所的情况下，其官子应最优先考虑。

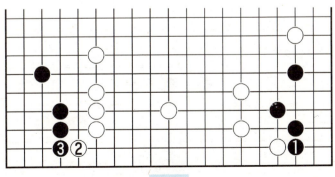

图 21

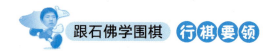
③不下随手棋

图 22   不要被高手牵着走

图中白1时，黑2补棋。白3时，黑4应。白5、7扳接时，黑6、8应对。白9、11扳接时，黑10、12又后手应对。黑棋的所有进行均是被白棋牵着走，看似必然，其实是不负责任的下法，这种随手棋的结果是好位置均被对方抢占。

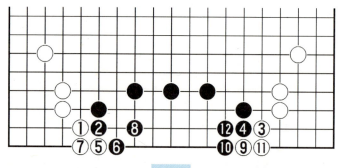

图22

图 23   走自己的路

图中双先官子有两处，如果一处被对方抢占，自己还可以占取另一处，这样下不仅很有气势，而且损失也不大。白1尖时，黑2可在右下角尖，其后白3、黑4、白5、黑6，双方的进行针锋相对，毫不相让。

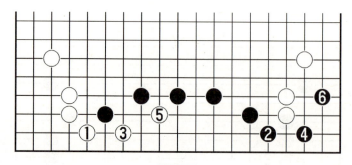

图23

④不要随便扳

图 24　小心一二路的扳

白1在一路扳时，黑2退守是本手，如果下在a位扳挡，黑棋受损。

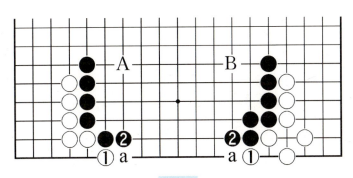

图24

图 25　自找麻烦

A图中白1时，黑2如果扳挡，白3打吃后，黑棋麻烦。黑4提子，白5反打后，黑棋出大问题。

B图中白1时，黑2补棋，白3断。

A、B两图中黑白双方虽均可在a位打劫，但白棋没有负担，而黑棋负担十分大。白棋的这类打劫称为"无忧劫"。

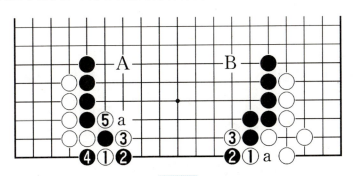

图25

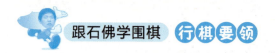

⑤气紧后应补棋

图 26　小心外部气紧

如果周边的棋子全部收气后，是不是还有补一手方可活棋的地方？其实在官子阶段这类事情经常发生，不论是在确定双方的分界线时，还是抢占与目无关的点或收单官时，都有可能存在这样的事情，此时必须好好观察一下，自己棋的内部是不是还会出棋，有没有必要再补一手棋。

A 图中白 1 从外部紧气时，黑 2 就必须补棋。黑棋如果不补，如 B 图中白 3 断后，黑棋要出大问题。因此有必要在最后的阶段，关注一下自己棋的内部情况。

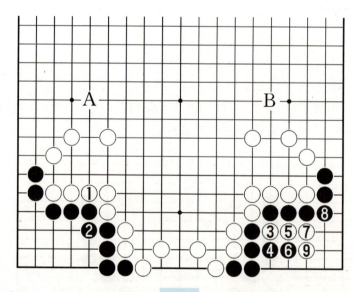

图 26

实战欣赏

名局剖析

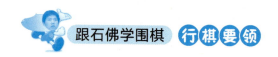

名局剖析

　　各位朋友，欢迎大家进入实战世界。本章从我本人的实战对局中挑选了内容相对简单，大家容易理解的一盘棋，并对布局、中盘战和官子三方面的主要场面进行讲解，让大家对实战的要领有一定的了解。

　　这盘棋是本人在1991年创造"最年轻世界冠军"纪录后，在第3届"东洋证券杯"决赛中第5盘的对局，执黑棋的对手是在日本棋坛十分活跃的中国台湾棋手林海峰九段，本人执白。

图 1 星小目布局

黑 1、白 2 分别占星位，黑 3、白 4 分别占小目，双方的布局在获取外势和实地上均十分中庸。其后黑棋没有在右下角缔角，而是于左下边拆，白棋在右下角挂也是当然的进行。

白 6 大飞挂角，让黑 7 守角，白棋虽然在实地上略损，但可以事先阻止黑棋的夹攻，将局面引向持久战，这也是定式的一种。黑 9 至白 14 是第 3 章定式篇中介绍过的代表性小目定式的一种。

在这盘世界最高水平的实战对局中，初盘的布局没有出现特别的脱离定式的下法。

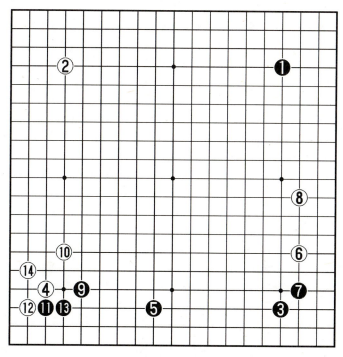

图 1 (1－14)

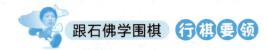

图 2 高低远近的配合

本图是图 1 的后续进行。其后黑 1 飞挂，白 2 补棋，下至黑 5 是最基本的定式。其后白 6 飞挂，此时黑棋没有在 A 位补棋，而是于黑 7 单跳补棋，与黑 5 形成了高低远近的有机配合，效率很高。白 10 飞，白棋的棋形很好，右边也得到了很好的扩张。白 10 如果下在 B 位，势必与白△重复，效率不高。双方棋子在三路和四路高低远近的配合十分好，是效率很高的布局，下至白 10，布局结束。

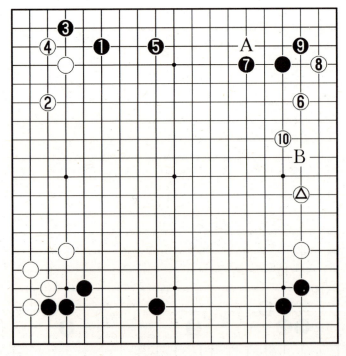

图 2（1 - 10）

图 3 中盘战的序幕

本图是图 2 的后续进行，也是中盘战的开始。黑 1 肩冲白△，白 2 长，黑 3 跳十分轻快。白 4、6 靠压牵制上边的黑棋，并间接对黑 1、3 实施远距离攻击。黑 5、7 补棋十分稳健。

其后白 8 在边上展开并夹攻黑棋，黑 9 则向中腹逃跑，以后黑棋在 A 位封锁，可在中腹一带扩张。白 10 急忙打入，白棋如果不下，黑 B 补棋后，下边几乎可以全部成目。黑 11 是捞取实地且破白棋根地的攻击好手。

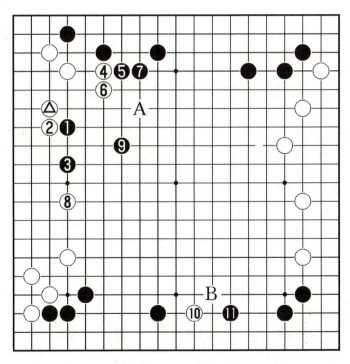

图 3 (1—11)

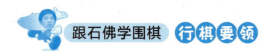
图 *4*　　利用弃子的攻击和治孤

　　本图是图3又进行了几手棋后的场面。白△打入以后，白棋又在左下角进行了二次打入，不仅成功破下边的黑地，还吃住了黑●三子，获利很大。黑棋看起来吃了亏，其实不然。

　　黑棋利用弃子作战所获取的回报是构筑了强大的外势，黑1镇，与黑△形成呼应，在下中腹一带构筑成强大的外势。白2跳试图救出白△，黑3镇封锁白棋的出路。其后白6治孤，黑7、9、11则远距离构筑包围网，紧咬白棋不放。

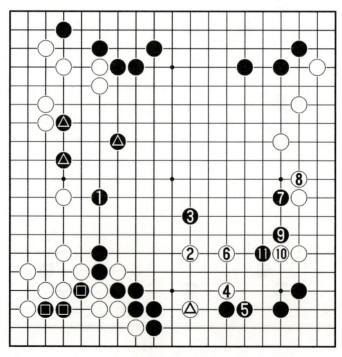

图4（1-11）

图 5　天下大劫

在中盘战的最后阶段，出现了天地大劫，发生了沧海桑田的大变化，起因是黑△先手收官时，白1立即挡，黑2断，双方打劫。

白7是现成的劫材，黑8如果不补，白▣五子不仅可以起死回生，而且黑棋大龙将被切断，有全部不活的危险。黑10使用劫材时，白11、13连续提子并消劫，黑12则吃中腹的白◎，结果如何呢？

白◎被吃，白棋看起来损失很大，但白棋在下边连提三子，并让黑14委屈补棋，白棋反而略占便宜。

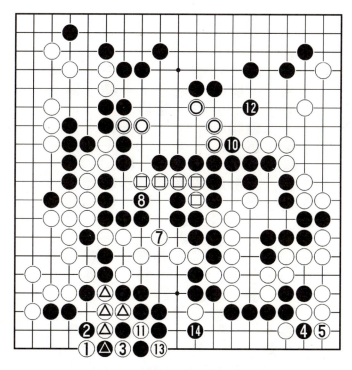

图5 (1－14)　❻＝△　⑨＝③

图 6 官子阶段

现在再来看一下黑白双方的官子次序，白1是先手，也是大官子，黑2如果不应，黑棋大龙有危险。其后白3虽是后手，却是价值18目的全盘最大官子。黑4、6是单先官子，白7必补，其后黑8挡。白9至白13是白棋的单先官子，白15在二路飞，不仅使左边的白棋实现联络，也是能够成目的官子手筋，以后黑A时，白B可以接应；黑B时，白A可以切断。到此为止，大官子基本全部结束，只剩下一些小官子。

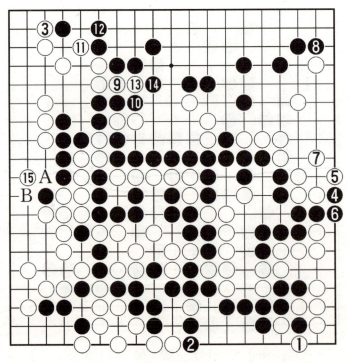

图 6（1—15）

图7　收尾阶段

本图是图6的后续进行，也是小官子的收尾阶段。其中黑11、13 和白18、20 是先手官子，也均是黑1 和白4 的附加收益。黑27、29 补棋必须关注。

黑51 连接后，全局结束。

现在有人可能会问，黑白双方为什么不在 A、B 位下棋？黑 A 连接，看似有 1 目棋，但白 C 紧气后，双方下成了双活（有×位和 B 位两口公气），黑棋反而大损。

最后的结果是黑棋盘面胜 7 目，除去贴目 5 目半后，黑棋以 1 目半取胜。

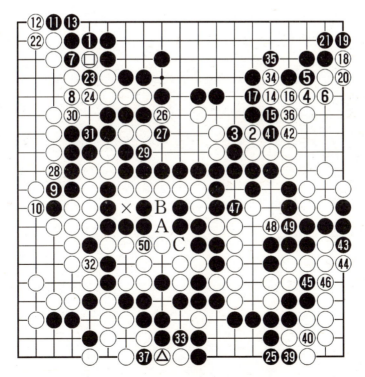

图7（1-51）　㊳=△　❺❶=▢